GUIDE PRATIQUE POUR GÉRER UNE ENTREPRISE À CROISSANCE RAPIDE

Éditions d'Organisation
1, rue Thénard
75240 Paris Cedex 05
Consultez notre site
www.editions-organisation.com

Dans la même collection

- Guide pratique du créateur de start-up, O. BASSO et P. BIELICZKY
- L'entreprise individuelle, P. DENOS
- Guide pratique du gérant de SARL, P. DENOS
- Guide pratique de la SCI, P. DENOS
- Guide pratique de la franchise, G. THIRIEZ et J.-P. PAMIER
- Guide pratique des professions libérales et des travailleurs indépendants, M. BOTTON, M. DI MARTINO et J. WOLFOVSKI

Sur la création d'entreprise
- Entreprendre en solo, C. FLÉ
- Constitution de sociétés, M. ONNAINTY

Le code de la propriété intellectuelle du 1er juillet 1992 interdit en effet expressément la photocopie à usage collectif sans autorisation des ayants droit. Or, cette pratique s'est généralisée notamment dans l'enseignement, provoquant une baisse brutale des achats de livres, au point que la possibilité même pour les auteurs de créer des œuvres nouvelles et de les faire éditer correctement est aujourd'hui menacée.

En application de la loi du 11 mars 1957, il est interdit de reproduire intégralement ou partiellement le présent ouvrage, sur quelque support que ce soit, sans autorisation de l'Éditeur ou du Centre Français d'Exploitation du Droit de copie, 20, rue des Grands-Augustins, 75006 Paris.

© Éditions d'Organisation, 2002
ISBN : 2-7081-2781-0

Claude-Annie Duplat

GUIDE PRATIQUE POUR GÉRER UNE ENTREPRISE À CROISSANCE RAPIDE

Éditions
d'Organisation

Synopsyis de l'ouvrage

De l'état des lieux au diagnostic actif

I   Des entreprises tournées vers l'innovation
au fonctionnement spécifique
aux besoins financiers importants et constants

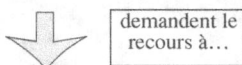
demandent le recours à…

II   Un financement spécifique
Une gestion très serrée

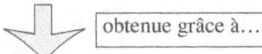
obtenue grâce à…

Un diagnostic
s'appuyant sur des indicateurs chiffrés
L'évitement d'erreurs classiques de gestion

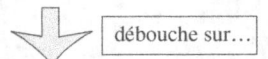
débouche sur…

Les actions à entreprendre

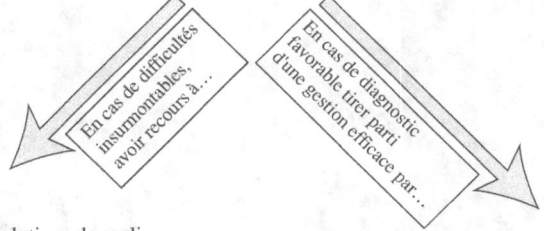

En cas de difficultés insurmontables, avoir recours à…

En cas de diagnostic favorable tirer parti d'une gestion efficace par…

III   Les solutions de repli

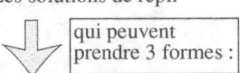
qui peuvent prendre 3 formes :

La cession de l'entreprise à un repreneur
Le dépôt de bilan
Le redressement judiciaire

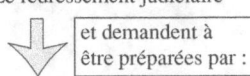
et demandent à être préparées par :

Un dossier percutant
La valorisation de l'entreprise
Le recours au tribunal de commerce
L'action concertée avec les nouveaux partenaires de l'entreprise

IV   La maîtrise de la croissance

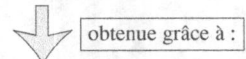
obtenue grâce à :

Une gestion dynamique pour réagir vite
La réduction des besoins de financement
La limitation de la croissance

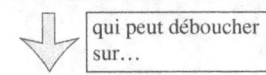
qui peut déboucher sur…

L'introduction en Bourse

SOMMAIRE

INTRODUCTION 15

PREMIÈRE PARTIE
FONCTIONNEMENT ET BESOIN EN FINANCEMENT DES ENTREPRISES À CROISSANCE RAPIDE

Chapitre I
PORTRAIT D'UNE ENTREPRISE À CROISSANCE RAPIDE 21

1. Innovation et croissance rapide 23
2. Le fer de lance de la nouvelle économie… et de l'ancienne 24
3. Une concentration dans deux secteurs 26
   - 3.1. Les Nouvelles Technologies de l'Information et de la Communication (NTIC) 26
   - 3.2. Les biotechnologies 27
     - *3.2.1. Les biotechnologies pour la santé* 28
     - *3.2.2. Les biotechnologies liées à l'agroalimentaire* 28
     - *3.2.3. Les technologies biomédicales* 29
4. Un portrait type du créateur ou du dirigeant d'une entreprise innovante 29

Chapitre 2
D'IMPORTANTS BESOINS EN FINANCEMENT 31

1. Des besoins financiers importants et constants 33
2. Le besoin d'un financement adapté 34
   Les risques du financement des entreprises innovantes ... 34
3. Le recours à des financements variés 36
   3.1. Le capital-risque 37
       3.1.1. Un investissement à durée limitée 38
       3.1.2. Un investissement de plus en plus sélectif .. 39
       3.1.3. De multiples organismes de capital-risque .. 40
   3.2. Les business angels 41
   3.3. Les Fonds Communs de Placement pour l'Innovation (FCPI) 41
       3.3.1. Le portefeuille d'entreprises innovantes des FCPI 41
       3.3.2. Les avantages fiscaux des FCPI et leur développement 42
       3.3.3. Exemples de FCPI 42
   3.4. L'ANVAR 42
       3.4.1. Les aides à l'innovation 43
       3.4.2. La qualification « entreprise innovante » délivrée par l'ANVAR 43
   3.5. Les fonds publics de capital-risque 44
   3.6. Les concours de création d'entreprises 44
       3.6.1. Une soixantaine de concours 45
       3.6.2. L'organisation du concours national d'aide à la création d'entreprises de technologies innovantes 45

DEUXIÈME PARTIE
VIGILANCE ET GESTION RESSERRÉE
POUR RÉUSSIR EN AVENIR INCERTAIN

Chapitre 3
LE CHECK-UP DE L'ENTREPRISE,
MOYEN D'UNE VIGILANCE EXTRÊME 49

1. Check-up pour un diagnostic 50

- 2. Les dix points du diagnostic 52
- 3. Un préalable à la définition d'une stratégie 52
- 4. La check-list 54
  - 4.1. L'environnement économique 54
  - 4.2. Le marché 54
  - 4.3. La recherche et la technique 55
  - 4.4. Le style de management 56
  - 4.5. Les moyens humains et la politique de ressources humaines 56
  - 4.6. Les investissements et l'outil de production 57
  - 4.7. Les approvisionnements 58
  - 4.8. La fonction commerciale 59
  - 4.9. Les moyens financiers 60
  - 4.10. La situation financière 61

Chapitre 4
ÉVITER OU SURMONTER LES ERREURS DE GESTION ... 63

- 1. Quels sont les principaux indicateurs à surveiller et quelles sont les principales erreurs à éviter ? 65
  - 1.1. La trésorerie 65
  - 1.2. La rentabilité 67
  - 1.3. Les fonds 68
  - 1.4. Les tableaux de bord de gestion et les prévisions.... 69
  - 1.5. Le marché réel 70
  - 1.6. Le recrutement 71

Chapitre 5
FAIRE DE TRÈS SÉRIEUSES PRÉVISIONS FINANCIÈRES 73

- 1. Pour qui et pourquoi faut-il faire des prévisions ? 75
- 2. Pourquoi les prévisions financières sont-elles indispensables pour gérer l'entreprise à croissance rapide ? 76
- 3. Comment établir ses prévisions ? 77
  - 3.1. Quelles sont les deux étapes de l'élaboration des prévisions ? 79
    - *3.1.1. La phase qualitative* 81

	3.1.2.	La phase de chiffrage 82
3.2.	Sur quoi portent les prévisions ? 82	
	3.2.1.	Établir un compte de résultat prévisionnel.... 83
	3.2.2.	Construire le plan de financement 85
	3.2.3.	Les étapes de construction du plan de financement.. 87

TROISIÈME PARTIE
TROUVER DES SOLUTIONS EN CAS DE DIFFICULTÉS INSURMONTABLES

Chapitre 6
ENVISAGER DE CÉDER L'ENTREPRISE
À UN REPRENEUR 91

1. Une démarche pour sauver l'entreprise 93
2. Un nouveau business-plan bien préparé et réaliste .. 94
   - 2.1. L'expérience du business-plan existe 94
   - 2.2. Le dirigeant maîtrise mieux son entreprise 94
3. Le contenu du dossier à présenter à un repreneur ou à un partenaire financier 96
4. Comment estimer la valeur de votre entreprise ?... 97
   - 4.1. La valeur d'une entreprise dépend de l'offre et de la demande 97
   - 4.2. L'établissement de prévisions financières est indispensable pour l'évaluation de l'entreprise 97
   - 4.3. Les différentes méthodes d'évaluation d'une entreprise à forte croissance 98

Chapitre 7
ENVISAGER LE DÉPÔT DE BILAN, LE REDRESSEMENT
OU LA LIQUIDATION JUDICIAIRE 101

1. Le dépôt de bilan et les nouveaux partenaires de l'entreprise 103
   - 1.1. Déposer le bilan, une décision difficile pour le dirigeant… 103

1.2. Les nouveaux partenaires de l'entreprise 105
2. La liquidation ou le redressement judiciaire......... 106
    2.1. Le jugement d'ouverture quelques semaines après le dépôt de bilan 106
    2.2. La durée du dépôt de bilan est limitée 107
    2.3. La liquidation judiciaire 108
    2.4. Le redressement judiciaire 110
        2.4.1. Pourquoi cette appellation de redressement judiciaire ? 110
        2.4.2. Les différentes étapes du redressement judiciaire 111

3. Le redressement judiciaire, nouvelle donne pour l'entreprise 113
    3.1. Gérer l'entreprise différemment 113
    3.2. Place des salariés dans le redressement judiciaire 115
        3.2.1. Le représentant des salariés 115
        3.2.2. La garantie de salaire ou AGS en cas de dépôt de bilan 116
    3.3. Une nouvelle comptabilité et de nouvelles règles 118
    3.4. Les créanciers 120
    3.5. Le « stress » du redressement judiciaire. Comment vivre dans l'incertitude ? 121

4. Le tribunal de commerce, l'administrateur judiciaire et le mandataire judiciaire 124
    4.1. Le rôle du tribunal de commerce 124
    4.2. Comment se déroulent les audiences au tribunal de commerce ? 126
    4.3. Le tribunal de commerce de Paris 127
    4.4. Le rôle de l'administrateur judiciaire 129
    4.5. Le mandataire judiciaire 130
    4.6. Les frais de justice 131
    4.7. Les éventuels repreneurs 133

5. L'issue de la procédure de redressement judiciaire 134
    5.1. Plan de continuation 135
    5.2. Plan de cession 135

QUATRIÈME PARTIE
TIRER AVANTAGE D'UNE GESTION EFFICACE

Chapitre 8
MAÎTRISER LA CROISSANCE EN UNIVERS INCERTAIN 139

1. Une gestion dynamique pour réagir vite et réussir en avenir incertain 141
   1.1. Une gestion plus efficace pour remédier à d'éventuelles difficultés 141
   1.2. Prendre des mesures destinées à réduire les besoins de financement 142
      - 1.2.1. Réduction du délai de règlement des clients . 142
      - 1.2.2. Gestion plus rigoureuse des stocks 143
      - 1.2.3. Négocier avec les fournisseurs des délais de règlement plus longs 143
      - 1.2.4. Examen scrupuleux de toutes les charges de l'entreprise 144

2. Limiter la croissance pour assurer l'avenir 145
   Un doublement de la croissance conduit automatiquement à un doublement des besoins en financement 145

Chapitre 9
PRÉPARER L'INTRODUCTION EN BOURSE 149

1. L'introduction en Bourse 151
   1.1. Les avantages de la cotation en Bourse 151
   1.2. Le processus de l'introduction en Bourse 152
   1.3. À quel cours faut-il introduire la société en Bourse ? 152
   1.4. La Bourse de Paris ou Euronext Paris 153

2. Le rôle de l'indice NASDAQ 155
   2.1. Les entreprises à croissance rapide et la Bourse ... 155
   2.2. Comment le NASDAQ, Bourse américaine des valeurs technologiques, peut-il avoir une influence sur le financement des entreprises à croissance rapide ? 156

	2.2.1.	En période de hausse des cours du NASDAQ	156
	2.2.2.	En période de baisse des cours du NASDAQ	157
2.3.		Les caractéristiques du NASDAQ	158
	2.3.1.	Évolution des cours sur le NASDAQ	161
	2.3.2.	Les e-krachs	161

LEXIQUE DES ENTREPRISES À CROISSANCE RAPIDE 163
LEXIQUE RELATIF AU DÉPÔT DE BILAN 169
QUIZ 173
BIBLIOGRAPHIE 177
INDEX 181

INTRODUCTION

Le constat : les entreprises à croissance rapide sont spécifiques

Les entreprises récentes appelées entreprises à croissance rapide sont actuellement confrontées à de sérieux problèmes d'ordre financier. Ces entreprises innovantes dont la croissance de l'activité est très rapide se situent principalement dans les secteurs des nouvelles technologies de l'information, de l'Internet ou des biotechnologies.

Leur croissance très forte est la résultante d'intenses frais de recherche et d'innovation ; de plus, le développement accéléré de leur chiffre d'affaires nécessite des moyens de financement importants.

À la période de réussite et d'euphorie qui a duré plusieurs années (1998, 1999 et début 2000) a succédé une période de désillusion à partir du second trimestre 2000.

En fait, bien que ce livre traite plus spécifiquement des entreprises à fort potentiel, il s'adresse aussi à toute entreprise, nouvelle ou non, qui connaît des moments délicats, dus à un retournement du marché ou, au contraire, à la croissance rapide.

La nouvelle donne : les entreprises à croissance rapide sont dans une période délicate

Après avoir porté aux nues le phénomène de la nouvelle économie, du développement d'Internet, de la création des start-up, des évolutions exceptionnelles de certaines d'entre elles, de la naissance d'une nouvelle race d'entrepreneurs, de l'émergence de jeunes informaticiens devenant millionnaires en quelques trimestres, de l'introduction en Bourse de très jeunes sociétés à des taux de capitalisation boursière très élevés (par exemple à des multiples dépassant 300 fois le chiffre d'affaires), il a fallu se rendre à l'évidence :

- il y a eu plusieurs e-krach des valeurs de la net-économie : les cours de Bourse du Nasdaq aux États-Unis et du Nouveau marché ou du Marché libre en France ont baissé sensiblement,
- de nombreuses entreprises nouvellement créées n'ont pas pu suivre les prévisions financières et le business plan qu'elles avaient initialement préparés,
- les financiers et les spécialistes du capital-risque sont devenus plus « frileux » ; cela signifie qu'ils prêtent ou mettent des fonds à la disposition de l'entreprise beaucoup plus difficilement qu'auparavant,
- de nombreuses entreprises innovantes n'ont plus de trésorerie suffisante pour continuer leur exploitation,
- de nombreuses sociétés ont dû ou doivent déposer leur bilan.

Comment faire face dans une période incertaine ?

> Que faire pour se prémunir quand tout va mal ?
>
> Quels sont les indicateurs à surveiller tout particulièrement pour éviter la défaillance de l'entreprise et prendre à temps les mesures qui s'imposent ?
>
> Peut-on éviter un dépôt de bilan ? En quoi consiste la démarche de dépôt de bilan ?
>
> Comment faire face, au contraire, à une croissance rapide ou trop rapide ?
>
> Comment faire face aux besoins constants de financement ?
>
> L'objet de cet ouvrage est de répondre à ces questions particulièrement délicates.

Introduction

L'ambition de ce livre est d'être pratique ; il invite le dirigeant d'entreprise à rechercher des solutions et à tout faire pour surmonter les difficultés du moment :
- Peut-on faire quelque chose ?
- Que faire ?
- Comment analyser la nature des difficultés ?
- Comment rechercher les traitements possibles ?
- Quelles sont les erreurs commises par de nombreuses start-up et comment les éviter ?
- Si les soucis de trésorerie sont trop importants, il convient alors de se diriger vers le tribunal de commerce et d'organiser le mieux possible le dépôt de bilan de l'entreprise. Comment se passe cette période délicate ?
- Comment mettre en place des outils pour rendre la gestion plus efficace ?

Première partie

FONCTIONNEMENT ET BESOIN EN FINANCEMENT DES ENTREPRISES À CROISSANCE RAPIDE

PORTRAIT D'UNE ENTREPRISE À CROISSANCE RAPIDE

- Innovation et croissance rapide
- Le fer de lance de la nouvelle économie… et de l'ancienne
- Une concentration dans deux secteurs
    - Les nouvelles technologies de l'information et de la communication
    - Les biotechnologies
        - Les biotechnologies pour la santé
        - Les biotechnologies liées à l'agroalimentaire
        - Les technologies bio-médicales
- Un portrait type du créateur ou du dirigeant d'une entreprise innovante

1. Innovation et croissance rapide

Une entreprise à fort potentiel est une entreprise récente au caractère innovant et à la croissance rapide.

FICHE D'IDENTITÉ DES ENTREPRISES À FORT POTENTIEL
• Nouvelles entreprises créées de 1995 à 2001

• Innovantes dans leur secteur d'activité
      Nouvelles Technologies de l'Information
      Biotechnologies

• Innovantes dans leurs méthodes de commercialisation (e-commerce)

• Innovantes dans leurs méthodes de financement
      Levées de fonds importantes
      Business angels
      Capital-risque

• Croissance du chiffre d'affaires très rapide et très élevée

Les appellations les concernant sont parfois un peu floues : on parle d'entreprises à croissance rapide ou innovantes ou de start-up ; le terme d'entreprises à croissance rapide ou innovantes nous semble plus large pour désigner les sociétés à forte croissance, quel que soit leur secteur d'activité.

Le terme de start-up souvent considéré comme équivalent désigne le plus souvent des entreprises appartenant à la net-économie (informatique, Internet, Nouvelles Technologies de l'Information et de la Communication, etc.).

En fait, il n'existe pas de statistiques officielles complètes concernant les entreprises innovantes en France.

Par contre, il est possible d'avoir des informations partielles grâce aux études et enquêtes réalisées par plusieurs organismes : l'Agence Pour la Création d'Entreprises (APCE), les services du ministère de la Recherche, l'ANVAR. Par ailleurs, on dispose de très nombreuses informations économiques et financières sur les entreprises performantes et innovantes, car les dirigeants d'entreprises à croissance rapide sont très ouverts aux questions, et parlent volontiers de leurs sociétés lors de réunions de clubs d'entreprises innovantes ou d'interviews de presse.

2. Le fer de lance de la nouvelle économie… et de l'ancienne

La nouvelle économie, née aux États-Unis dans les années 1990-1995, correspond à un pan nouveau de l'économie lié au développement de nouvelles technologies et en particulier d'Internet.

Les secteurs concernés sont principalement :

- les Nouvelles Technologies de l'Information et de la Communication (NTIC), Internet
- les biotechnologies.

La nouvelle économie se distingue de l'économie traditionnelle sur les points suivants :

- les entreprises à croissance rapide sont prises dans un tourbillon de développement effréné, connaissent des évolutions fulgurantes de chiffre d'affaires (doublement tous les ans …),
- les entreprises à croissance rapide attirent de nombreux cadres supérieurs ou des ingénieurs de haute volée désireux de s'épanouir professionnellement dans des structures à taille humaine et à croissance très élevée,
- les entreprises à croissance rapide font l'objet de nombreux articles de presse et d'enquêtes des médias, de nombreuses manifestations (expositions et salons concernant les entreprises innovantes) et de divers concours organisés par des sociétés de capital-risque ou des organismes publics (tel le concours national d'aide à la création d'entreprises de technologies innovantes lancé chaque année par le ministère de la Recherche).

Le tableau ci-après dresse la comparaison qui peut être faite entre la nouvelle économie et « l'ancienne économie ».

	NOUVELLE ÉCONOMIE	« ANCIENNE ÉCONOMIE »
SECTEURS CONCERNÉS	NTIC, INTERNET, BIOTECHNOLOGIES	TOUS LES AUTRES SECTEURS : COMMERCE, INDUSTRIE, ETC.
APPELLATION DONNÉE AUX CRÉATIONS	ENTREPRISES INNOVANTES START-UP	NOUVELLE ENTREPRISE
ACTEURS DE LA CRÉATION D'ENTREPRISE	CRÉATEUR INCUBATEUR	CRÉATEUR
FINANCEMENT	FINANCEMENT PERSONNEL BUSINESS ANGELS CAPITAL-RISQUE ANVAR	FINANCEMENT PERSONNEL BANQUES
ACCÈS RAPIDE A LA BOURSE	OUI	NON
CREATEURS	INFORMATICIENS CADRES SUPÉRIEURS CHERCHEURS	PERSONNES DYNAMIQUES
CROISSANCE DU CHIFFRE D'AFFAIRES	TRÈS RAPIDE (exemple : doublement chaque année)	MODÉRÉE et RÉGULIÈRE
RENTABILITÉ	PAS DE BÉNÉFICE AVANT PLUSIEURS ANNÉES	BÉNÉFICE RAPIDE EXIGÉ PAR LES BANQUES
DÉPENSES DE COMMUNICATION	IMPORTANTES	VARIABLES selon les cas
PERSONNEL RECRUTÉ	SCIENTIFIQUES SPÉCIALISTES DU NET OU DE L'INFORMATIQUE	TOUTES DISCIPLINES
PART – en % – DANS LE TOTAL DES CRÉATIONS D'ENTREPRISES	ENVIRON 10 %	90 %
FINANCEMENTS OBTENUS	TRÈS ÉLEVÉS	MOYENS OU FAIBLES
INTÉRÊT DES MÉDIAS POUR CES ENTREPRISES	IMPORTANT	VARIABLE selon les cas
AMBIANCE DE TRAVAIL	CONVIVIALE DÉCONTRACTÉE	VARIABLE selon les cas

3. Une concentration dans deux secteurs

Une première indication concernant les secteurs d'activité des entreprises innovantes est fournie par l'Agence Pour la Création d'Entreprises.

LES ACTIVITÉS DES START-UP – en % du nombre total –	
SECTEUR	En % du total
Nouvelles Technologies de l'Information et de la Communication (NTIC)	34,1
Services	12,2
Marketing	9,8
Informatique	7,3
Recherche et Développement	7,3
Biotechnologies	4,9
Autres	24,4
TOTAL	**100,0**

Source : APCE – Start-up en France, des mythes aux réalités – 2000

L'examen des activités des start-up fait ressortir leur appartenance à la nouvelle économie : Nouvelles Technologies de l'Information, informatique, biotechnologies.

3.1. Les Nouvelles Technologies de l'Information et de la Communication (NTIC)

Les Nouvelles Technologies de l'Information et de la Communication (NTIC) sont un ensemble de technologies utilisées pour le traitement, la modification et l'échange de l'information. Le développement des NTIC est lié à la progression de l'informatique, des télécommunications et de l'audiovisuel.

Ainsi, de nouvelles possibilités d'échange d'informations ont pu se manifester dans des domaines très variés en utilisant les potentialités d'Internet.

DIVERSES APPLICATIONS DES NTIC

- **Finance :** Les banques en ligne
  La Bourse en ligne
  La passation des ordres en Bourse

- **Tourisme :** Achat de voyages en ligne
  Visite touristique de villes
  Achat de billets d'avion par Internet

- **VPC :** Vente par correspondance

- **Musique :** Téléchargement de musique

- **Éducation :** Formation professionnelle
  Enseignement à distance

- **Recrutement :** Jobs proposés
  CV envoyés par demandeurs d'emploi

- **Immobilier :** Petites annonces de ventes de logements

- **Sites gouvernementaux :** Ministère des Finances (déclarations fiscales)
  Ministère de la Recherche, etc,

3.2. Les biotechnologies

Les entreprises de biotechnologies constituent un secteur privilégié de l'innovation. Leur objet touche à la santé et aux sciences du vivant. L'objectif majeur de ces disciplines est d'améliorer la santé de l'homme et son environnement nutritionnel et médical.

La recherche en biotechnologie a pour ambition la mise au point de nouveaux médicaments et de nouvelles thérapeutiques, de nouveaux produits pour l'alimentation et de nouvelles techniques d'instrumentation pour la médecine (techniques d'investigation avec imagerie médicale).

3.2.1. Les biotechnologies pour la santé

Les grands axes de recherche du secteur sont constitués par :
- l'identification de gènes responsables de maladies afin de trouver les cibles sur lesquelles les médicaments devront agir,
- la connaissance du gène de prédisposition à des maladies graves : cancer, maladies cardio-vasculaires, qui permet de mettre au point des tests de dépistage,
- l'étude du génome humain.

3.2.2. Les biotechnologies liées à l'agroalimentaire

Elles visent à améliorer la qualité des aliments et des boissons :
- améliorer la qualité sanitaire par sécurité hygiénique (écologie microbienne, maîtrise des interactions entre les aliments et les micro-organismes),
- améliorer les espèces : amélioration des modes de stockage et de distribution en favorisant en particulier la traçabilité des produits,
- d'une manière générale, améliorer l'industrie agroalimentaire par la recherche de nouvelles gammes de produits alimentaires tout en assurant la sécurité.

3.2.3. Les technologies biomédicales

Elles permettent d'améliorer le diagnostic et le traitement des malades par la connaissance des causes des maladies :
- imagerie médicale
- instrumentation médicale et chirurgicale
- matériel à usage unique
- chirurgie assistée par ordinateur

3 secteurs pour les biotechnologies
• **Santé** Connaissance des causes des maladies Médicaments nouveaux
• **Nutrition** Produits alimentaires : meilleure qualité alimentaire Nouveaux produits
• **Technologies médicales** Instrumentation assistée par ordinateur Imagerie médicale

4. Un portrait type du créateur ou du dirigeant d'une entreprise innovante

Plusieurs études permettent de mieux cerner le portrait type du créateur d'entreprise à fort potentiel :
- un document émanant de l'Agence Pour la Création d'Entreprises intitulé "Start-up en France, des mythes aux réalités",
- le carnet des managers d'Internet dressé tous les 6 mois par le journal du Net qui donne les caractéristiques concernant un panel de plus de 1 000 managers,

- le profil des porteurs de projet présenté par la Caisse des Dépôts et Consignations (direction des PME et de l'innovation).

PORTRAIT TYPE DU CRÉATEUR D'ENTREPRISE À CROISSANCE RAPIDE
• Homme (dans environ 95 % des cas)
• Âgé de 30 à 45 ans (dans environ 60 % des cas)
• Études supérieures (écoles de commerce ou d'ingénieur, université)
• Ancien cadre dirigeant, cadre supérieur, chercheur
• Ancien salarié dans l'informatique, l'industrie, un organisme de recherche

Sources : APCE, journal du Net, Caisse des Dépôts et Consignations

Par rapport au créateur d'entreprise dite « classique », on note quelques différences indiquées dans l'étude précitée de l'APCE. En effet, les créateurs d'entreprise « classique » sont des hommes dans seulement 70 % des cas ; plus de la moitié d'entre eux n'ont pas fait d'études supérieures et près de la moitié sont d'anciens chômeurs.

D'IMPORTANTS BESOINS EN FINANCEMENT

- Des besoins financiers importants et constants
- Des besoins financiers spécifiques
    - Les risques de financement des entreprises innovantes
    - Le recours à des financements variés
        - Le capital-risque
        - Les FCPI
        - Les business angels
        - L'ANVAR
        - Les fonds publics de capital-risque
        - Les concours de création d'entreprise

1. Des besoins financiers importants et constants

Du fait même de leurs caractéristiques, les entreprises innovantes ont de très importants besoins financiers :

- **au démarrage de l'activité**, elles doivent pouvoir financer les recherches et études, c'est-à-dire les équipes de chercheurs ou d'informaticiens qui vont être chargées de développer des logiciels d'application spécifiques ou de mettre au point des procédés de fabrication de produits innovants couverts par des brevets ; parallèlement, l'entreprise devra étudier son marché et assurer la future commercialisation des produits proposés. Pendant une période plus ou moins longue, l'entreprise innovante ne fera que consommer de l'argent ; elle devra ainsi faire face à de multiples dépenses sans aucune rentrée de fonds en contrepartie ;
- **puis, en période de commercialisation de ses produits ou services**, la société à fort potentiel de croissance enregistre du chiffre d'affaires ; comment financer alors le développement de sa croissance ? Un simple calcul mathématique indique que si les ventes doublent d'une année à l'autre, les besoins en fonds de roulement doublent également ;
- **ensuite si l'activité prend de l'ampleur**, les besoins financiers augmentent et l'entreprise doit disposer de nouveaux financements.

> Les entreprises à croissance rapide doivent en permanence trouver de nouveaux financements. Cela tient à l'importance de leurs frais de recherche et développement et à la croissance extrêmement rapide de leurs ventes.

> **LES BESOINS FINANCIERS DES ENTREPRISES INNOVANTES**
>
> - Pour la période de démarrage
>   - Frais de recherche
>   - Mise au point de procédés nouveaux
>   - Équipes à recruter
>   - Locaux et installation
>   - Frais de communication
> - Pour la période de commercialisation
>   - Besoins en fonds de roulement liés à :
>   - croissance des ventes très rapide
>   - poursuite de la recherche et du développement

2. Le besoin d'un financement adapté

Les risques du financement des entreprises innovantes

Les entreprises innovantes présentent pour les financiers des risques particulièrement élevés. En effet, il existe de nombreuses incertitudes quant à la réussite de leurs projets.

- **Incertitude liée à la faisabilité du produit** : les équipes de recherche vont-elles réussir à mettre au point un produit intéressant sur le marché ?
- **Incertitude d'ordre purement commercial** : le produit issu de la recherche a-t-il des chances de pouvoir se vendre ? Existe-t-il un marché ? Le marché est-il local, national ou international ?
- **Incertitude quant à la rentabilité des ventes des services ou produits proposés** : la concurrence est-elle vive ou pas ? Les marges commerciales seront-elles suffisantes pour dégager du résultat bénéficiaire ?

Dans un tel contexte, il est aisé de se rendre compte que les financements traditionnels ne peuvent répondre aux besoins financiers des entreprises à forte croissance. En effet, les risques encourus par ceux qui apportent des fonds sont élevés. Soit ils perdent tout, si l'entreprise échoue, soit ils peuvent gagner gros si l'entreprise réussit.

INCERTITUDES PORTANT SUR LA RÉUSSITE DU PROJET
■ Incertitude sur l'aboutissement des recherches et études des produits

■ Incertitude sur la capacité de l'entreprise innovante à :
    ■ disposer d'un marché
    ■ savoir commercialiser ses produits
    ■ dégager une marge bénéficiaire suffisante

■ Incertitude sur la capacité de l'entreprise à assurer le financement à court terme et à long terme

Les entreprises à forte croissance présentent ainsi deux spécificités qui ne peuvent pas trouver de solutions satisfaisantes dans un financement que l'on pourrait qualifier de traditionnel :

- d'une part, les besoins de fonds sont importants à toutes les phases du développement : démarrage du projet et lancement de la société ; commercialisation des produits ; croissance très élevée du chiffre d'affaires ;
- d'autre part, le risque financier pour les apporteurs de fonds est considérable : la rentabilité n'apparaît pas rapidement, le projet peut ne pas aboutir ; les sommes versées ou prêtées peuvent être perdues à jamais. Aucune garantie de résultat ou de réussite n'existe.

Compte tenu de cet état de fait, et pour favoriser le développement des entreprises à forte croissance qui représentent un atout pour l'économie en général et des possibilités de gains et de réussite pour les créateurs et porteurs de projets, des modes de financements spécifiques sont utilisés : il s'agit du capital-risque et d'un certain nombre d'aides financières publiques et privées.

3. Le recours à des financements variés

Pour financer leur activité, les entreprises à fort potentiel ont à leur disposition plusieurs types de financement ; elles peuvent :
- lever des fonds auprès d'organismes de capital-risque.
- faire appel à des « business angels » qui prennent une participation dans le capital,
- bénéficier de subventions versées en cas de réussite à de nombreux concours existant pour favoriser la création d'entreprises innovantes,
- obtenir des aides publiques provenant du ministère de la Recherche et en particulier de l'ANVAR (Agence Nationale pour la Valorisation de la Recherche),
- recourir aux concours bancaires classiques à court terme, à savoir l'escompte, le découvert ou tout autre crédit de trésorerie et prêts à long terme qui peuvent être associés aux autres sources de financement.

Il semble toutefois que le financement de l'exploitation courante s'effectue beaucoup plus souvent à l'aide de fonds propres qui rentrent dans la trésorerie de l'entreprise qu'à l'aide de crédits classiques consentis par les banques.

Très souvent, les entreprises à fort potentiel utilisent les fonds levés pour le règlement de leurs dépenses courantes, étant donné qu'elles ne dégagent pas de résultats bénéficiaires avant un certain temps. Elles peuvent connaître des problèmes de trésorerie après épuisement des réserves de cash.

COMMENT SONT FINANCÉES LES ENTREPRISES À CROISSANCE RAPIDE ?

Au démarrage, financement par :
- le créateur et sa famille, ou des amis
- des levées de fonds dits d'amorçage fournis par :
    - des business angels
    - des capital-risqueurs
- des aides publiques (subventions de l'ANVAR…)

COMMENT SONT FINANCÉES LES ENTREPRISES À CROISSANCE RAPIDE ?
Après quelques mois d'activité, nouveaux besoins de fonds pour poursuivre l'activité et satisfaire aux besoins de fonds de roulement : ■ levées de fonds auprès des anciens business angels ou capital-risqueurs ■ concours bancaires
Après quelques années d'activité, introduction en Bourse envisageable si : ■ les perspectives d'évolution du chiffre d'affaires et des résultats sont satisfaisantes ■ l'environnement boursier est favorable

3.1. Le capital-risque

Le capital-risque a été créé aux États-Unis, puis s'est développé progressivement en Europe depuis quelques années avec l'émergence de la nouvelle économie et la création de start-up innovantes. De nombreux fonds de capital-risque sont apparus, filiales de banques ou d'établissements financiers ; ces organismes sont chargés de prendre des participations dans le capital d'entreprise et de revendre leur participation le plus rapidement possible en dégageant une plus-value.

L'organisme de capital-risque est en fait un intermédiaire entre des investisseurs variés et des entreprises innovantes à fort potentiel de croissance. Les organismes de capital-risque collectent des fonds auprès d'investisseurs privés et publics, puis affectent ces sommes au financement de fonds propres d'entreprises sélectionnées qui, selon leurs analyses, présentent les plus grandes chances de succès.

L'ENTREPRISE À CROISSANCE RAPIDE ET LE CAPITAL-RISQUE	
Rémunération de l'organisme de capital-risque	Plus-value attendue lors de la sortie
Où se situent les sommes obtenues dans les comptes de l'entreprise ?	Au passif du bilan dans les capitaux propres

L'ENTREPRISE À CROISSANCE RAPIDE ET LE CAPITAL-RISQUE	
À quoi servent les fonds levés par l'entreprise ?	À financer la recherche ainsi que la trésorerie
D'où viennent les fonds ?	D'investisseurs privés ou publics
Entreprises concernées par un financement en capital-risque	Entreprises à fort potentiel

3.1.1. Un investissement à durée limitée

Les organismes de capital-risque investissent dans les entreprises pour une durée limitée ; leur but est de sortir de la société sélectionnée en faisant une plus-value. Cette sortie peut prendre plusieurs formes :

- revente de la participation à un groupe industriel,
- introduction en Bourse sur le Nouveau marché créé en 1996 qui s'adresse aux sociétés performantes de la nouvelle économie.

LES ORGANISMES DE CAPITAL-RISQUE
■ Intermédiaires financiers entre investisseurs et entreprises à fort potentiel de croissance

■ Les organismes de capital-risque financent les fonds propres des entreprises :
        ■ par souscription d'actions
        ■ par mise en compte courant d'associé

■ Les fonds proviennent :
    ■ d'investisseurs privés (banques, organismes financiers, etc.)
    ■ de fonds publics (ministère de la Recherche, ANVAR, etc.)
    ■ de fonds communs de placement à risques
    ■ de fonds communs de placement pour l'innovation
    ■ de business angels

3.1.2. Un investissement de plus en plus sélectif

Les levées de fonds auprès des capital-risqueurs qui avaient progressé sensiblement en 1999 et 2000 ont diminué en 2001 compte tenu de la morosité existant à l'égard des sociétés liées à l'Internet, au commerce électronique et au secteur des télécommunications.

D'une part, les organismes de capital-risque constitués par les grands établissements financiers ont collecté moins de fonds qu'auparavant.

D'autre part, les gestionnaires de ces fonds ont été beaucoup plus sélectifs dans le choix de prises de participations dans les entreprises à fort potentiel de croissance.

- Leur sélection est beaucoup plus rigoureuse qu'auparavant. Ils épluchent les dossiers des candidats à une levée de fonds, étudient de très près les perspectives d'avenir, s'intéressent à la rentabilité à court terme.
- Les secteurs d'activité retenus sont principalement les nouvelles technologies de l'information, les biotechnologies, l'étude et la mise au point de nouveaux médicaments par l'étude du génome humain, les nanotechnologies (techniques visant à manipuler ou à fabriquer des objets infiniment petits comme les atomes ou les molécules, millionième de millimètre ou nanomètre).
- Les gestionnaires savent que la sortie rapide de la société choisie sera beaucoup plus difficile qu'auparavant et qu'il sera difficile de songer à une introduction en Bourse dans un court délai.
- Ils savent également que les plus-values rapides résultant d'une cession ou d'une introduction en Bourse sont beaucoup plus aléatoires que par le passé.
- Par ailleurs, la valorisation des entreprises innovantes n'est plus ce qu'elle était ; rappelons que des excès avaient été enregistrés en 1999 et début 2000 lorsque certaines entreprises à fort potentiel avaient pu afficher en Bourse des

valorisations représentant par exemple 200 à 300 fois leur chiffre d'affaires alors qu'elles n'attendaient aucun résultat bénéficiaire avant plusieurs années.
- De plus, l'examen des levées de fonds au cours de l'année 2001 montre que les capital-risqueurs ont décidé, dans leur ensemble, de choisir quelques gros dossiers plutôt que plusieurs petits.

3.1.3. De multiples organismes de capital-risque

Il existe plusieurs catégories d'organismes de capital-risque :

- *les sociétés de capital-risque à l'échelon national ou international* qui bénéficient d'avantages fiscaux ; certaines sont généralistes, d'autres sont spécialisées dans certains secteurs (innovation, NTIC). Elles interviennent pour des dossiers relativement importants.
Exemples : Innovacom, Natexis ;
- *les sociétés de capital-risque à l'échelon régional* constituées d'organismes semi-publics que sont les Sociétés de Développement Régional (S.D.R.) et les Instituts Régionaux de Participation (I.R.P.) ;
- *les fonds dits d'amorçage* ont pour objet de financer les fonds propres d'entreprises en phase de création. Ces fonds d'amorçage fonctionnent soit avec des fonds publics (tels les fonds nationaux : Bioam, Emertec Gestion, I source Gestion), soit avec des fonds privés (Fontainebleau Ventures…) ;
- *les sociétés de capital-risque de proximité* qui fournissent des fonds propres aux entreprises en création pour des montants relativement faibles ;
- *les Fonds Communs de Placement pour l'Innovation (FCPI)* qui prennent des participations dans des entreprises nouvelles particulièrement innovantes.
- *les business angels,* investisseurs particuliers, qui prennent des participations dans des entreprises à fort potentiel.

3.2. Les business angels

Des particuliers, las de placer leurs économies en épargne gérée de manière peu dynamique, ont voulu profiter d'une bouffée d'air frais pour engager leur argent dans l'espoir de faire une bonne affaire, mais également de s'impliquer dans une entreprise innovante. Les business angels (ou anges des affaires) sont des particuliers qui mettent des sommes allant d'environ 15 000 euros à 50 000 euros ou plus dans le capital d'entreprises nouvelles prometteuses. Leur risque est grand, mais parfois ils s'impliquent dans la marche de l'entreprise à fort potentiel en dispensant des conseils et en faisant part de leur expérience et de leur compétence.

Il existe plusieurs groupements de business angels.

3.3. Les Fonds Communs de Placement pour l'Innovation (FCPI)

Ces fonds, créés par un décret de mars 1997, ont pour vocation d'investir pour au moins 60 % de leurs actifs dans des titres d'entreprises innovantes et non cotées en Bourse. Ils constituent une variété des Fonds Communs de Placement à Risques (FCPR).

3.3.1. Le portefeuille d'entreprises innovantes des FCPI

Les sociétés innovantes doivent être agréées par l'Agence Nationale de la Valorisation de la Recherche qui leur accorde ou non la qualification d'« entreprise innovante » (*cf.* paragraphe suivant).

La qualification n'est pas automatique. Elle est très importante pour la société qui l'obtient car c'est pour elle un gage de sérieux et un moyen d'obtenir des financements de manière plus aisée.

3.3.2. Les avantages fiscaux des FCPI et leur développement

En fait, les Fonds Communs de Placement pour l'Innovation ont été créés afin de recueillir des fonds de particuliers désireux de placer leur épargne dans le capital de sociétés innovantes.

Pour ce faire, les FCPI bénéficient d'avantages fiscaux importants :

- à la souscription : dans la limite d'un plafond, 25 % du versement effectué constituent une réduction d'impôt sur le revenu. Pour l'année 2002, le plafond des versements est de 12 000 euros pour une personne seule et de 24 000 euros pour un couple ; les réductions d'impôt sur le revenu sont respectivement de 3 000 et 6 000 euros ;
- exonération totale des revenus provenant des parts de Fonds Communs de Placement pour l'Innovation si les sommes placées dans le fonds restent 5 ans dans le FCPI.

3.3.3. Exemples de FCPI

Les principales banques et établissements financiers proposent des FCPI. Il en existe environ une soixantaine, tels AGF Innovation, CDC Innovatec 1, Sogé Innovation...

3.4. L'ANVAR

L'Agence Nationale pour la Valorisation de la Recherche (ANVAR) joue un rôle déterminant dans le développement des entreprises innovantes.

Ses actions se développent dans deux directions favorisant le financement des PME innovantes : les aides à l'innovation et l'octroi de la qualification accordée à des entreprises innovantes.

3.4.1. Les aides à l'innovation

Celles-ci sont destinées à soutenir la recherche et le développement industriel. Depuis plusieurs années, des fonds publics sont distribués par l'ANVAR pour favoriser l'innovation industrielle ; pour l'année 2002, une enveloppe de 300 millions d'euros est prévue : 74 % pour les nouvelles technologies de l'information et de la communication, 16 % pour le développement durable et 10 % pour les biotechnologies.

3.4.2. La qualification « entreprise innovante » délivrée par l'ANVAR

L'Agence Nationale pour la Valorisation de la Recherche délivre une qualification à des entreprises innovantes.

Une entreprise est qualifiée d'**innovante** si elle répond à l'un des critères suivants :

- soit il s'agit d'une PME dont les dépenses de recherche et développement sur les trois dernières années sont au moins égales au tiers du chiffre d'affaires annuel le plus élevé de la période,
- soit, l'entreprise a reçu une qualification délivrée par l'ANVAR ; les principaux éléments à présenter pour recevoir cette qualification sont les suivants :
  - présentation détaillée de l'entreprise : activité, perspectives de croissance, etc.,
  - projet d'innovation,
  - activité et moyens en recherche et développement, nombre de chercheurs, équipements, brevets obtenus, etc.
  - dossier comptable et financier,
  - statuts et Kbis,
  - chèque de 1 500 euros.

3.5. Les fonds publics de capital-risque

Dans le cadre de la loi sur l'innovation et la recherche, plusieurs outils financiers ont été mis en place pour favoriser le financement des entreprises innovantes.

L'objet de cette loi était de créer un lien entre la recherche publique et de nouvelles entreprises créées à partir des résultats de la recherche publique afin de valoriser la recherche.

Pour favoriser l'innovation, l'État a créé depuis 1998 plusieurs fonds publics de capital-risque :

- en 1998, **un premier fonds public de capital-risque** doté de 137 millions d'euros,
- en 2000, **un second fonds public dénommé FCPR 2000** doté de 152 millions d'euros, avec l'appui de la Caisse des Dépôts et Consignations et de la Banque Européenne d'Investissement.

Ces deux fonds de capital-risque avaient pour objet de prendre des participations dans des fonds de capital-risque privés.

Un nouveau fonds de capital-risque doté de 60 à 90 millions d'euros va être **débloqué en 2002** en partenariat avec la Caisse des Dépôts et le Fonds Européen d'Investissement. La nouveauté de ce fonds tient à ce qu'il va prendre des participations directement dans les entreprises innovantes.

3.6. Les concours de création d'entreprises

Il faut être réaliste, les sociétés à fort potentiel de croissance, comme toutes les sociétés nouvelles, ne trouvent pas facilement des moyens financiers auprès des banques.

Pour favoriser leur création ou leur mise sur orbite, il est recommandé aux futurs créateurs ou dirigeants de se faire reconnaître par le biais des concours de création d'entreprises ; en effet, être lauréat de concours ouvre de nombreuses portes et en particulier permet de trouver plus facilement des financements.

3.6.1. Une soixantaine de concours

Il existe une soixantaine de concours tant au niveau national qu'au niveau local.

Chaque concours est spécifique : il concerne des projets orientés dans différents domaines (communication, Internet, agroalimentaire, innovation, protection de l'environnement, sciences de la vie, etc.). Les informations sur les principaux concours sont fournies par l'Agence Pour la Création d'Entreprise, l'ANVAR, les chambres de commerce, les boutiques de gestion et les agences de développement économique.

3.6.2. L'organisation du concours national d'aide à la création d'entreprises de technologies innovantes

Le concours national d'aide à la création d'entreprises de technologies innovantes a été créé en 1999 ; il a été mis en place par la loi sur l'innovation et la recherche de 1999 ; ce concours qui a lieu chaque année a suscité de très nombreuses créations d'entreprises technologiques (près de 800 entreprises sur 3 ans). Ce concours national est doté de 30,5 millions d'euros par an.

Lors de sa troisième édition en 2001, on a noté 1481 dépôts de projets de création dans les délégations régionales du ministère de la Recherche et de l'ANVAR.

Le concours national d'aide à la création d'entreprises de technologies innovantes s'adresse à tous les créateurs et porteurs de projets à caractère innovant.

Deux types de projets peuvent être proposés :

- les projets en émergence qui sont encore à un stade de réflexion relativement éloigné de la création de l'entreprise (qui peut intervenir dans un délai de 3 à 12 mois),

- les projets dits en « création-développement » sont des projets de création mûrement préparés et qui vont se concrétiser dans les trois mois.

La sélection des lauréats se fait à deux niveaux :
- un jury régional effectue une première sélection,
- le jury national détermine la liste définitive des lauréats.

Les lauréats de ce concours national d'aide à la création d'entreprises innovantes reçoivent des subventions qui sont plafonnées à 45 000 euros pour les projets en émergence et à 450 000 euros pour les lauréats de création-développement.

Ne pas hésiter à participer à un concours de création d'entreprise.

Deuxième partie

VIGILANCE ET GESTION RESSERRÉE POUR RÉUSSIR EN AVENIR INCERTAIN

3

LE CHECK-UP DE L'ENTREPRISE, MOYEN D'UNE VIGILANCE EXTRÊME

- Check-up pour un diagnostic
- Les 10 points du diagnostic
- Un préalable à la définition d'une stratégie
- La check-list
  - L'environnement économique
  - Le marché
  - La recherche et la technique
  - Le style de management
  - Les moyens humains et la politique de ressources humaines
  - Les investissements et l'outil de production
  - Les approvisionnements
  - La fonction commerciale
  - Les moyens financiers
  - La situation financière

La gestion d'une entreprise à croissance rapide demande une vigilance extrême.

Le moyen le plus simple de mettre en œuvre cette vigilance est de faire régulièrement le check-up de votre entreprise, que l'entreprise aille bien ou qu'elle présente des signes de faiblesse.

Si l'entreprise connaît des difficultés, il est particulièrement important de faire le point de la situation dans le calme et sans excès de pessimisme ou d'optimisme. Ce diagnostic est indispensable pour trouver les causes et chercher un remède aux problèmes.

1. Check-up pour un diagnostic

Le dirigeant de l'entreprise peut faire lui-même le diagnostic de son entreprise ou faire appel à un conseiller extérieur. Le check-up doit permettre de dégager les forces et les faiblesses de la société.

Deux aspects seront examinés :

- ☛ l'environnement économique de l'entreprise
- l'état de l'économie internationale
- l'état de l'économie au plan national
- l'évolution de la Bourse sur les différentes places
- l'attitude des financiers
- l'évolution des secteurs liés aux Nouvelles Technologies de l'Information, aux secteurs de la télécommunication
- l'évolution du marché de l'entreprise
- les tendances actuelles de ce marché.

- ☛ le fonctionnement interne de l'entreprise :
- ses méthodes de management, de production, d'investissement

- la situation de sa recherche, sa fonction commerciale et sa force de vente
- la croissance de son chiffre d'affaires
- sa santé financière et ses besoins de financement
- l'étude de ses différents coûts de fonctionnement
- sa rentabilité.

À retenir

○ **Le diagnostic de l'entreprise permet de dégager :**
  - **les forces**
  - **les faiblesses**   ○

LE CHECK-UP DE L'ENTREPRISE

L'environnement économique
- L'économie internationale
- La Bourse
- Les financements
- Le marché
- Le secteur

La situation interne
- Méthodes de management
- Influence des investisseurs
- Politique de recrutement
- Masse salariale
- Situation de la recherche
- Investissements
- Fonction commerciale
- Force de vente
- Croissance du chiffre d'affaires
- Situation financière
- Besoin de financement
- Évolution des coûts
- Rentabilité

2. Les dix points du diagnostic

Afin de faire un bon diagnostic de l'entreprise, il importe de répondre de manière sereine et sans complaisance à toutes les questions relatives à l'environnement, au marché de l'entreprise, à sa situation réelle.

La synthèse du diagnostic reprendra les principales forces et faiblesses de l'entreprise et permettra à son dirigeant de déterminer les correctifs à apporter au pilotage de la société.

10 principaux points à examiner	Point positif (+)	Point négatif (−)
Environnement économique		
Marché		
Recherche		
Style de management gestion		
Politique de ressources humaines		
Production-approvisionnement		
Fonction commerciale		
Clientèle		
Moyens financiers		
Situation financière		

3. Un préalable à la définition d'une stratégie

Il convient pour le dirigeant d'une entreprise à croissance rapide comme pour tout dirigeant de se poser de nombreuses questions et de tenter d'y répondre avec le maximum de clarté. Ces questions et réponses sont un préalable à la définition d'une stratégie, à l'élaboration de prévisions fiables et à la mise en place de tableaux de bord qui seront constitués d'indicateurs essentiels à suivre en permanence.

○ **La méthode à suivre :
se poser le maximum de questions et y répondre
sans complaisance**

Voici une liste non limitative des principales questions à se poser pour effectuer le diagnostic de votre entreprise.

Pour chaque point évoqué, il importe de savoir si la réponse constitue plutôt un élément positif ou plutôt un élément négatif.

Par exemple, à la question : quel est exactement le marché ? Il convient de répondre sans complaisance. Cet aspect peut paraître anodin pour certains ; en fait, il est capital. Le marché sur lequel l'entreprise souhaite se positionner existe-t-il ? A-t-il un avenir ?

Autre exemple, si la réponse est oui à la question : l'entreprise fait-elle appel à un seul fournisseur pour un produit déterminé ? Cela constitue un point faible, car en cas de défaillance du fournisseur, l'entreprise peut être menacée.

Règle du jeu pour le diagnostic
Répondre à chacune des questions posées de manière la plus exacte possible pour savoir si la situation de l'entreprise par rapport à ce problème constitue un point plutôt positif ou un point plutôt négatif.

4. La check-list

4.1. L'environnement économique

	Point positif (+)	Point négatif (−)
■ L'évolution actuelle de l'économie est-elle favorable au développement de l'entreprise ?		
■ L'économie américaine est-elle en croissance ou connaît-elle un ralentissement ?		
■ Quelle est la situation de l'économie européenne et de l'économie française ?		
■ Quelle est la politique monétaire ? Quelle est la politique d'investissement, de recherche ?		
■ Comment évolue la Bourse (le Nasdaq, l'indice CAC 40) ?		
■ Si la société exporte ou importe, quelle est la situation économique des pays concernés ?		

4.2. Le marché

	Point positif (+)	Point négatif (−)
■ Quel est le marché de l'entreprise ?		
■ Ce marché est-il porteur, stable, en déclin ?		
■ S'il s'agit d'un marché porteur, quelle est sa croissance annuelle ?		
■ Le marché existe-t-il vraiment ?		
■ Ce marché est-il international, national, régional ?		
■ S'il est lié au e-commerce, s'agit-il de commerce B to B, B to C ?		

Le check-up de l'entreprise, moyen d'une vigilance extrême

	Point positif (+)	Point négatif (−)
■ Quelle est sa clientèle ? Particuliers, entreprises ? ■ Les ventes sont-elles saisonnières ? ■ La concurrence est-elle forte ou faible ? ■ Quels sont les principaux concurrents ? ■ Existe-t-il des produits de substitution aux produits actuellement vendus ? ■ Les ventes se font-elles par Internet, par correspondance, par téléphone, par visites aux clients ? ■ S'agit-il d'un marché existant aux États-Unis, mais pas encore introduit en France ?		

4.3. La recherche et la technique

	Point positif (+)	Point négatif (−)

■ Existe-t-il un département recherche ?
 ■ Les recherches portent-elles sur de la recherche fondamentale ou sur des applications aisément commercialisables ?
 ■ Dans combien de mois les produits faisant l'objet de recherches seront-ils commercialisables ?
 ■ Quelle est l'importance du département recherche au sein de l'entreprise ?
   ■ Combien de collaborateurs par rapport au total de l'effectif ?
   ■ Masse salariale des chercheurs par rapport au total de la masse salariale ?
 ■ Les produits vendus sont-ils rapidement périmés en raison de l'évolution technologique ?		

4.4. Le style de management

	Point positif (+)	Point négatif (−)

■ Le dirigeant décide-t-il seul ?
■ Les décisions dépendent-elles des demandes ou des conseils des investisseurs ayant pris une participation dans la société ?
■ Existe-t-il une direction collégiale ?
■ La direction utilise-t-elle le contrôle de gestion ?
    ■ Y a-t-il des tableaux de bord ?
    ■ Fait-on le point très régulièrement ?
■ Quelle est la stratégie actuelle de la direction ?
■ Est-elle bien précisée ?		

4.5. Les moyens humains et la politique de ressources humaines

	Point positif (+)	Point négatif (−)
■ La répartition de l'effectif entre les différentes fonctions (recherche, production, commercial, administration et gestion) semble-t-elle correcte ? ■ Y a-t-il trop ou, au contraire, manque-t-on de personnel ? ■ Existe-t-il une politique active de formation du personnel ? ■ Les postes proposés lors du recrutement sont-ils bien précis et définis au départ ? ■ La société emploie-t-elle des collaborateurs en CDI (contrat à durée indéterminée) ou en CDD (contrat à durée déterminée) ? ■ L'intérim est-il beaucoup utilisé ? ■ Comment les collaborateurs sont-ils recrutés (par relations, par le bouche-à-oreille, par cabinet extérieur) ?		

Le check-up de l'entreprise, moyen d'une vigilance extrême

	Point positif (+)	Point négatif (−)
■ Quel est le niveau de la masse salariale ?		
■ Le niveau des salaires est-il élevé ou bas par rapport à la profession ?		
■ La qualification des collaborateurs est-elle satisfaisante ?		
■ Existe-t-il un plan de recrutement en fonction des perspectives de croissance de la société ?		

■ Comment le personnel est-il rémunéré ?
   ■ Salaires
   ■ Stock-options
   ■ Autres avantages		

4.6. Les investissements et l'outil de production

	Point positif (+)	Point négatif (−)
■ Les locaux de l'entreprise sont-ils bien adaptés à son activité ?		
■ Les locaux sont-ils loués ou ont-ils été achetés ?		
■ Si les locaux ont été acquis par l'entreprise, ont-ils été achetés en crédit-bail, en utilisant éventuellement des levées de fonds auprès de capital-risqueurs ou grâce à un prêt bancaire ?		
■ Quel est le coût des locaux ?		

■ Quelles sont les caractéristiques de l'outil de production (s'il y a lieu) ?
   ■ Automatisé
   ■ Nombreux équipements électroniques		

■ Quelles sont les règles pratiquées en matière d'amortissement ?		
■ Les moyens de production sont-ils performants (pour la qualité et les prix de revient) ?		
■ Comment le contrôle qualité se fait-il ?		
■ La gestion des stocks est-elle bien maîtrisée ?		

	Point positif (+)	Point négatif (−)
■ Quels sont les délais du cycle de production ? ■ Y a-t-il de nombreux rebuts ? Quel pourcentage par rapport au total ? ■ Connaît-on avec précision le coût de fabrication de chaque produit ?		

4.7. Les approvisionnements

	Point positif (+)	Point négatif (−)
■ L'entreprise recourt-elle à la sous-traitance ? ■ Dispose-t-elle pour ses principaux achats d'un fournisseur ou de plusieurs fournisseurs ? ■ L'entreprise est-elle particulièrement dépendante d'un fournisseur principal ? ■ Les fournisseurs sont-ils mis en concurrence pour obtenir les prix les plus avantageux ? ■ Comment les stocks de matières premières sont-ils gérés ? ■ Comment les stocks de produits finis sont-ils gérés ? ■ Quels sont les délais de règlement négociés avec les fournisseurs ? ■ Les fournisseurs sont-ils réglés par traites, par chèques ?		

4.8. La fonction commerciale

	Point positif (+)	Point négatif (−)
■ A-t-on analysé les attentes et les besoins des clients (études de marché, etc.) ?		
■ Y a-t-il eu des campagnes de publicité ?		

■ Coût et financement des campagnes
    ■ Des retombées de publicité satisfaisantes ou non ?
    ■ L'impact de la publicité a-t-il été mesuré ou non ?		

■ Les circuits de distribution proposés actuellement sont-ils satisfaisants ?		

■ Vente directe ?
    ■ Vente par correspondance ?
    ■ E-commerce ?		

■ Quels sont les délais de livraison proposés aux clients ?		
■ Rapides ou longs ? ■ Délais satisfaisants ou non ?		
■ Quelle est la répartition des ventes selon le type de clientèle ? Est-ce satisfaisant ?		
■ La force de vente est-elle performante ?		

■ Salariés de l'entreprise
    ■ Représentants
    ■ Son coût ?		

■ Les clients règlent-ils au comptant ? Versent-ils un acompte à la commande ? Paient-ils à la livraison ?		
■ Comment les clients règlent-ils les factures (par chèques, carte bleue, traites) ?		
■ Lorsque des traites sont établies, les clients les renvoient-elles avant l'échéance ?		
■ Existe-t-il un suivi systématique des comptes clients ?		

■ Relance téléphonique ?
    ■ Relance écrite ?
    ■ Contentieux ?		

Guide pratique pour gérer une entreprise à croissance rapide

	Point positif (+)	Point négatif (−)
■ Y a-t-il des factures impayées ?		

■ La facturation est-elle faite rapidement ?
    ■ À la commande ?
    ■ Au moment de l'envoi des produits ?
    ■ Avec délai par rapport à l'envoi ?		

■ Le système de communication (publicité, marketing téléphonique, etc.) est-il satisfaisant ?		
■ Comment fonctionne le service après-vente ?		

4.9. Les moyens financiers

	Point positif (+)	Point négatif (−)

■ L'entreprise a-t-elle été financée au démarrage par un ou plusieurs investisseurs ?
    ■ Fonds amenés par les dirigeants ?
    ■ Société de capital-risque ?
    ■ Business angel ?
    ■ Banques ?		

■ Y a-t-il eu plusieurs levées de fonds ?		

■ Quelle est l'attitude actuelle des financiers de l'entreprise ?
    ■ Frilosité ?
    ■ Ouverture ?		

■ Comment sont financées les dépenses courantes de l'entreprise (frais généraux) ?		
■ Quelles sont les relations actuelles de l'entreprise avec ses banques ou ses investisseurs ?		
■ L'entreprise peut-elle bénéficier d'aides ou de subventions ?		
■ La société souhaite-t-elle être cotée en Bourse ?		
■ L'entreprise a-t-elle « brûlé » toute sa trésorerie ?		
■ Les marges et les coûts sont-ils bien calculés ?		

Le check-up de l'entreprise, moyen d'une vigilance extrême

	Point positif (+)	Point négatif (−)
■ Comment se fait le financement du parc voitures ?		
■ Par leasing ?		
■ Comment se fait le financement des investissements ?		

■ Par prêt bancaire ?
     ■ Par crédit-bail ?
     ■ Par levée de fonds ?		

4.10. La situation financière

	Point positif (+)	Point négatif (−)
■ Comment est la trésorerie de l'entreprise ?		
■ L'endettement est-il important ?		
■ Quels sont les besoins financiers de l'entreprise ?		
■ Besoins en fonds de roulement ? ■ Besoins à long terme ?		
■ Quels sont les frais financiers ?		
■ Existe-t-il une comptabilité analytique permettant d'appréhender les coûts et les marges ?		
■ L'entreprise est-elle rentable ?		
■ Si non, quand deviendra-t-elle rentable ?		
■ Quel est son point mort ?		
■ Les fonds – s'il y a eu levée de fonds – ont-ils été placés judicieusement ?		
■ La valorisation de la société a-t-elle déjà été faite ?		
■ Si oui, selon quelle méthode ?		
■ Y a-t-il eu des contacts avec d'éventuels repreneurs ?		

© Éditions d'Organisation

> **Notre Conseil**
>
> Lorsque ce travail un peu fastidieux est terminé, il importe de faire la synthèse qui fait ressortir les principales forces et les principales faiblesses de la société. Cet audit est nécessaire pour faire le point de la situation.
> Si des difficultés existent, il ne faut pas se voiler la face mais au contraire agir pour résoudre au mieux les problèmes.
> Ne pas hésiter à se faire aider par un consultant extérieur.

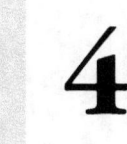

ÉVITER OU SURMONTER LES ERREURS DE GESTION

Quels sont les principaux indicateurs à surveiller et quelles sont les principales erreurs à éviter ?
   La trésorerie
   La rentabilité
   Les fonds
   Les tableaux de bord de gestion et de prévisions
   Le marché réel
   Le recrutement

Éviter ou surmonter les erreurs de gestion

1. Quels sont les principaux indicateurs à surveiller et quelles sont les principales erreurs à éviter ?

Dans chacune des fonctions de gestion de l'entreprise – financière, commerciale et humaine –, il est possible de lister les points essentiels à suivre de près afin d'éviter des erreurs de pilotage qui conduisent le plus souvent à des échecs, en particulier au dépôt de bilan.

Les observateurs des difficultés des entreprises à fort potentiel indiquent toute une série d'erreurs à éviter pour survivre.

Liste des principales erreurs à éviter
■ Avoir une trésorerie déséquilibrée et dépendre d'une levée de fonds problématique
■ Oublier la rentabilité
■ Dépenser les fonds sans compter
■ Ne pas disposer de tableaux de bord
■ Ne pas faire de prévisions financières
■ Croire en un marché prometteur inexistant
■ Recruter des équipes sans prévoir

1.1. La trésorerie

1RE ERREUR À ÉVITER
Avoir une trésorerie déséquilibrée et dépendre d'une levée de fonds problématique

Ce qui se passe

La croissance des entreprises à fort potentiel présente cette particularité d'être très rapide, ce qui implique des besoins financiers de plus en plus grands.

Le besoin en fonds de roulement correspond à la différence entre, d'une part, les stocks plus les créances clients et d'autre part, les créances fournisseurs ; ce besoin en fonds de roulement évolue avec le développement de l'entreprise et on peut démontrer que, toutes choses étant égales par ailleurs, si le chiffre d'affaires d'une société double, le besoin en fonds de roulement double également.

En période de « frilosité » des financiers, il devient beaucoup plus difficile pour une entreprise de trouver des fonds ; la presse se fait tous les jours l'écho de sociétés obligées d'envisager leur fermeture ou leur cession faute d'être accompagnées financièrement par les investisseurs qui leur avaient initialement fait confiance.

Ce qui est conseillé

Si le besoin en fonds de roulement excède largement le fonds de roulement (différence entre les capitaux propres et les immobilisations), la société manque de fonds propres ; cette insuffisance de fonds propres, cause principale de la disparition de nombreuses entreprises innovantes, est le fait : soit d'une inadaptation des fonds levés ou des concours bancaires obtenus, soit d'une gestion insuffisante, par exemple du compte clients ou des stocks.

- Bien calculer ses besoins de fonds
- Adapter sa structure en fonction des financements possibles
- Vérifier le règlement des clients (relance systématique par écrit et par téléphone)
- Éviter les dépenses superflues (trop de notes de frais, trop de publicité, etc.)
- Contrôler sa croissance (et éventuellement la limiter)

Par ailleurs, avant de rechercher à tout prix une très forte progression du chiffre d'affaires, il faut avoir à l'esprit que l'environnement économique peut ne pas être favorable au moment où l'entreprise souhaitera lever des fonds.

Il faudrait se freiner volontairement pour moins dépendre de financements extérieurs qui ne sont jamais automatiques.

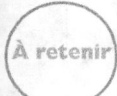

○ **L'entreprise ne vit pas dans un contexte isolé. Elle vit dans un certain environnement économique et le contexte financier et boursier peut changer. Les opportunités de financement dépendent de l'économie nationale et mondiale.** ○

1.2. La rentabilité

○   **2^E ERREUR À ÉVITER**
    Oublier la rentabilité ○

Ce qui se passe

Il est vrai que bon nombre d'entreprises à fort potentiel présentent dans leur business plan des prévisions d'exploitation avec des résultats déficitaires pendant une, voire deux ou même trois années pour pouvoir tenir le cap. Il est également prévu des levées de fonds supplémentaires. En outre certaines start-up se sont introduites en Bourse avec des prévisions de résultats négatifs que les investisseurs ont acceptées. Mais, les temps ont changé...

Toutefois, il convient d'observer que des résultats déficitaires ne peuvent perdurer : cela fragilise l'entreprise et oblige les dirigeants à réinjecter des fonds.

Les créateurs au début de leur activité souhaitent développer leurs ventes à tout prix pour conquérir une part de marché et font peu attention à leur prix de revient ; les prix de vente sont souvent mal calculés et n'intègrent pas tous les coûts de revient et une marge bénéficiaire ; l'équation simple suivante n'est souvent pas respectée :

> PRIX DE VENTE DES PRESTATIONS OU SERVICES =
> COÛTS DE REVIENT + MARGE

Penser à tous les coûts de revient [coûts du personnel, de fabrication, de distribution, financiers (coût de levée de fonds, coût d'introduction en Bourse, etc.)]. Faire la chasse aux coûts inutiles.

1.3. Les fonds

À retenir

3ᴱ ERREUR À ÉVITER
Dépenser les fonds obtenus de manière inconsidérée (le fameux « burn rate », vitesse à laquelle la société brûle les fonds obtenus)

Que s'est-il passé ?

Cette attitude a été si fréquente qu'elle a reçu une appellation anglo-saxonne : il s'agit du **burn rate**, c'est-à-dire littéralement, de la vitesse à laquelle l'entreprise « brûle » les fonds ; en d'autres termes, combien de temps le dirigeant met-il pour dépenser tous les fonds qu'il a obtenus ? Plus le burn rate est élevé, plus la fragilité de la société est grande. Il existe de nombreux exemples d'entreprises qui n'ont pas été capables de maîtriser leurs emplois de cash ; soit les concours bancaires et les levées de fonds n'ont pas suffi par rapport aux besoins liés au secteur dans lequel se trouvait l'entreprise, soit les moyens de trésorerie mis à leur disposition ont été utilisés de manière inconsidérée très rapidement, si bien que l'entreprise s'est trouvée en panne de trésorerie, donc en état de cessation de paiements.

Bien entendu, le burn rate est variable selon les secteurs économiques : les branches qui nécessitent des investissements en équipements élevés peuvent présenter un burn rate élevé (exemple : dans la biotechnologie).

Ce qui est conseillé

Lorsque des fonds viennent de rentrer en trésorerie :

- essayer au maximum d'éviter de les employer pour régler des dépenses qui pourraient être réglées autrement que comptant. Par exemple : des équipements peuvent être financés au moyen de crédit-bail ; les voitures nécessaires n'ont pas besoin d'être payées comptant : la location longue durée peut être intéressante ;
- ne pas oublier de placer les excédents de trésorerie afin de bénéficier de produits financiers.

1.4. Les tableaux de bord de gestion et les prévisions

4ᴱ ERREUR À ÉVITER
Ne pas disposer de tableaux de bord de gestion et ne pas faire de prévisions financières

Ce qui se passe

Très souvent, le dirigeant pris dans une masse de problèmes à résoudre au quotidien ne dispose pas d'outils de gestion lui permettant de piloter son entreprise ; dans ces conditions, il ne peut maîtriser correctement son affaire. La plupart des entreprises qui connaissent des difficultés n'élaborent pas de prévisions. Or, il est quasiment impossible de gérer correctement une entreprise sans pratiquer une gestion prévisionnelle.

Ce qui est conseillé

Prendre le temps nécessaire pour préparer des outils de gestion permettant une surveillance suivie de l'exploitation (exemple : montant mensuel des ventes, des coûts fixes, des coûts variables, comparaison prévisions et réalisations, explications des écarts). Il s'agit de :

☞ **La préparation d'états mensuels du compte de résultats**
- produits et charges calculés mensuellement
- suivi mensuel des ventes selon les catégories de produits selon les commerciaux, selon les marges commerciales
- suivi des commandes en carnet enregistrées par mois
- suivi de la trésorerie et calcul des principaux ratios : crédit clients, crédit fournisseurs
- suivi du financement : découvert, escompte, intérêts à payer
- suivi des stocks : inventaire permanent
- suivi des coûts du personnel
- suivi des recrutements de personnel, des effectifs

☞ **L'élaboration de comptes prévisionnels** selon la méthode indiquée (*cf.* chapitre 5).

1.5. Le marché réel

5ᴱ ERREUR À ÉVITER
Croire que le marché est prometteur alors qu'il n'existe pas encore

Ce qui se passe parfois

De nombreuses entreprises innovantes se sont lancées sur un marché qu'elles croyaient prometteur et qui en fait n'existait pas vraiment.

Il semble facile *a posteriori* de critiquer telle ou telle entreprise qui a voulu développer un marché qui en fait s'est révélé insignifiant ou même inexistant. Exemple : les sociétés du secteur des achats groupés pour les consommateurs.

Ce qui est conseillé

L'étude de marché a-t-elle été effectuée ? Le créateur a-t-il toutes les données en main concernant les futurs clients ? les futurs fournisseurs ? le futur métier de l'entreprise ? les futurs collaborateurs ? les attentes des clients ?

L'entreprise a-t-elle eu suffisamment d'informations sur ses futurs concurrents ? sur la part de marché qu'elle va pouvoir conquérir ? sur les différents canaux de distribution existants ?

L'exemple américain s'applique-t-il facilement en France ?

Les clients potentiels sont-ils assez nombreux pour constituer un vivier important et garantir un chiffre d'affaires conséquent ?

Y a-t-il dans l'entreprise un excellent commercial ?

Compte tenu de la croissance rapide des entreprises à fort potentiel, il est nécessaire qu'il y ait un responsable commercial qui puisse assurer le développement des ventes. Dans de nombreux cas, les entreprises ont d'excellents produits mais pas de personnel adéquat pour les écouler dans les meilleures conditions.

1.6. Le recrutement

À retenir

6ᴱ ERREUR À ÉVITER
Recruter des équipes sans gestion prévisionnelle des ressources humaines

Ce qui se passe souvent

Le créateur lance sa société avec un effectif souvent faible (lui-même et un petit groupe d'amis) ; puis il recrute de nouveaux collaborateurs en fonction de la croissance de la société. Il semblerait que de très nombreux nouveaux collaborateurs aient été recrutés dans l'urgence à des salaires souvent élevés assortis d'avantages spécifiques non négligeables (stock-options). En fait, il y a une absence complète de gestion prévisionnelle des ressources humaines.

Ce qui est conseillé

Pour éviter les erreurs liées à la gestion des ressources humaines, il faut :

- Prévoir le nombre de collaborateurs nécessaires pour assurer le développement
- Prévoir et bien définir les profils recherchés
- Prévoir les coûts salariaux
- Prévoir les hausses de salaires
- Prévoir l'intéressement éventuel du personnel
- Penser à limiter les coûts du personnel
- Ne pas hésiter à recourir à un personnel qualifié mais entrant dans les coûts variables (contrats à durée déterminée, intérimaires)

Le coût d'un recrutement non réussi peut s'avérer très cher ; il existe dans certaines entreprises à croissance rapide qui ont réussi des méthodes originales de recrutement : on demande aux collaborateurs de trouver des personnes compétentes parmi leurs relations ou amis ; en retour et pour les remercier, ils reçoivent des avantages en nature ou en argent.

FAIRE DE TRÈS SÉRIEUSES PRÉVISIONS FINANCIÈRES

- Pour qui et pourquoi faut-il faire des prévisions ?
- Pourquoi les prévisions financières sont-elles indispensables pour gérer l'entreprise à fort potentiel ?
- Comment établir ses prévisions ?
    - Quelles sont les deux phases de l'élaboration des prévisions ?
        - La phase qualitative
        - La phase de chiffrage
    - Sur quoi portent les prévisions ?
        - Établir un compte de résultat prévisionnel
        - Construire le plan de financement
        - Les étapes de construction du plan de financement

1. Pour qui et pourquoi faut-il faire des prévisions ?

Pour qui convient-il d'effectuer des prévisions ?

Quels sont les agents économiques souhaitant disposer de prévisions sur une société ?

La connaissance des perspectives chiffrées d'une société intéresse non seulement les **dirigeants** désireux de piloter au mieux leur affaire mais également de nombreux partenaires de l'entreprise :

- les **salariés** de l'entreprise motivés par la réalisation de budgets qu'ils ont en partie élaborés ;
- les **financiers** de l'entreprise – banquiers et investisseurs en capital-risque – qui souhaitent être tenus informés des perspectives de la société et de ses résultats espérés pour pouvoir la juger au mieux et contribuer à la soutenir dans le cas le plus fréquent de besoins financiers accrus ;
- les **fournisseurs** et les **clients** qui s'intéressent à l'avenir de leur partenaire commercial ;
- les **propriétaires et actionnaires**, soucieux de la gestion de leur patrimoine, qui désirent être informés de l'évolution de leur mise de fonds dans le capital : si les affaires vont bien, leurs actions ou leur participation dans le capital se valorisent ; par ailleurs, de bonnes perspectives de résultats laissent envisager des distributions de dividendes ; dans le cas contraire, si les affaires vont mal, les fonds investis dans le capital seront perdus ;
- d'**éventuels repreneurs** qui s'intéressent à l'entreprise et qui souhaitent mieux la comprendre et pouvoir la valoriser également ; ces repreneurs peuvent se manifester ou être contactés soit lorsque l'entreprise fonctionne normalement, soit lorsqu'elle a dû déposer son bilan ;
- en cas de dépôt de bilan, les prévisions sont demandées par le **tribunal de commerce** pour le jugement d'ouverture de la procédure qui déterminera si l'entreprise doit être mise

en redressement judiciaire ou bien être placée en état de liquidation. Dans le cas de mise en redressement judiciaire, il sera nécessaire de présenter à l'**administrateur judiciaire** des comptes de résultat prévisionnels et des plans de trésorerie qui seront visés par l'expert-comptable : ces documents seront présentés lors de chaque audience au juge commissaire chargé de suivre la procédure, de manière à ce que ce dernier puisse décider si la période d'observation va ou non se prolonger.

Pour qui et pourquoi faire des prévisions ?

- Gérer l'entreprise avec efficacité et dynamisme
- Mieux faire connaître l'entreprise aux :
    - salariés
    - financiers (banques, capital-risque)
    - clients
    - fournisseurs
    - actionnaires
    - repreneurs éventuels
    - administrateur judiciaire (si dépôt de bilan)
    - tribunal de commerce (si dépôt de bilan)

---

2. Pourquoi les prévisions financières sont-elles indispensables pour gérer l'entreprise à croissance rapide ?

L'établissement de prévisions présente de nombreux avantages pour la gestion de l'entreprise.

- Les dirigeants sont amenés à réfléchir sur la situation actuelle de l'entreprise et son avenir ; il s'agit de faire le point et de se donner des objectifs.
- La période d'élaboration des prévisions et des budgets est une période très fructueuse d'échanges et de communication entre les différents départements ou services de l'entreprise ; les différents responsables mobilisent sans

arrêt leur énergie pour adapter avec précision leur propre budget dans le cadre d'un projet d'ensemble.
- La gestion prévisionnelle qui vise à diriger l'entreprise en ayant à l'esprit les objectifs définis d'un commun accord avec les responsables conduit à une très grande amélioration du fonctionnement de l'entreprise dans la mesure où une meilleure allocation des ressources se produit (en hommes, équipements, argent).
- La gestion prévisionnelle est un état d'esprit. Il convient de réviser fréquemment les prévisions et de contrôler les écarts existant entre les prévisions et les réalisations. En effet, à quoi serviraient des programmes d'action qui seraient oubliés dans des tiroirs pendant plusieurs mois ?

En fait, les prévisions financières contribuent à assurer :

- une **gestion dynamique**,
- un **meilleur financement**,
- un **dialogue constructif avec les financiers** (banquiers, capital-risqueurs) avertis à l'avance des besoins financiers à envisager,
- une **meilleure communication** avec les collaborateurs de l'entreprise,
- des **relations améliorées avec les fournisseurs et les clients.**

3. Comment établir ses prévisions ?

La méthode préconisée comporte plusieurs phases qui nécessitent différents travaux de la part des dirigeants.

- Faire le diagnostic de la situation actuelle de l'entreprise sans complaisance. Dégager les points forts et les points faibles.
- Réfléchir et approfondir les intentions d'évolution.
Élaborer des lignes de stratégie.
Réfléchir aux moyens (humains, matériels, financiers) à la disposition actuelle de l'entreprise.

Envisager des politiques différentes ou non : politique commerciale, de ressources humaines, de recherche et développement, de contrôle de gestion (frais fixes et frais généraux examinés à la loupe).
- Procéder à des chiffrages des moyens et des politiques. Effectuer des simulations.

Comparer les résultats chiffrés obtenus aux intentions et aux stratégies initiales et surtout s'assurer que les moyens financiers sont suffisants.

Si les moyens financiers sont insuffisants, il faut revoir les hypothèses initiales et se fixer des objectifs moins ambitieux.
- Compte tenu de la prévision obtenue, mettre en œuvre des décisions.

Examiner, rectifier et actualiser la prévision au fur et à mesure du déroulement de l'activité.

Procéder de façon systématique en suivant la méthode préconisée :
- établir le check-up de l'entreprise en 10 points (*cf.* chapitre 3),
- élaborer une stratégie et réfléchir aux politiques à mener,
- chiffrer les politiques et effectuer plusieurs simulations,
- prendre les décisions nécessaires et assurer un suivi permanent des résultats obtenus.

Les quatre phases de la prévision

1. Diagnostic global de l'entreprise
    ■ Points forts
    ■ Points faibles

2. Stratégie
    ■ Réflexion sur les objectifs et les politiques à mener
        ■ Politique commerciale
        ■ Politique des investissements
        ■ Politique de recherche
        ■ Politique de Ressources humaines
        ■ Politique financière
    ■ Moyens de financement

Les quatre phases de la prévision
3. Chiffrage et cohérence ■ Traduire en chiffres les politiques retenues ■ Examiner la cohérence avec la stratégie définie ■ Réviser éventuellement les hypothèses
4. Contrôle de la prévision ■ Mise en œuvre des décisions ■ Système de contrôle de gestion

3.1. Quelles sont les deux étapes de l'élaboration des prévisions ?

Comment procéder pour arriver à effectuer des prévisions fiables ? Il vous est proposé une démarche qui se déroule schématiquement en deux étapes.

☛ Une **première étape qualitative de réflexion**, de diagnostic, de recherche des points forts et des points faibles de l'entreprise. Il est conseillé au dirigeant de l'entreprise de se placer volontairement dans un lieu calme, une « tour d'ivoire », de manière à réfléchir sereinement au devenir à court et moyen terme de l'entreprise.

Au cours de cette étape essentielle, il conviendra de rechercher les objectifs à atteindre et la meilleure stratégie pour y parvenir.

Le dirigeant doit envisager les hypothèses relatives à l'environnement économique :
- évolution de la conjoncture internationale,
- évolution de l'économie nationale,
- évolution du marché,
- évolution des marchés financiers et de la Bourse.

Puis il faut imaginer des scénarios de développement concernant les différentes politiques de l'entreprise :
- politique commerciale (clientèle, produits),
- politique de communication,

Guide pratique pour gérer une entreprise à croissance rapide

- politique financière (endettement accru, augmentation de capital, recherche de nouveaux partenaires financiers),
- politique de Ressources humaines (embauche, licenciements, intérim, etc.),
- politique d'investissement (nouveaux équipements).

☞ Une **seconde étape de chiffrage des hypothèses** qui pourra être constituée de plusieurs simulations de résultats prévisionnels.

Au cours de cette seconde phase, il conviendra de vérifier la cohérence des résultats obtenus avec les stratégies et intentions initiales des dirigeants. De plus, il ne faudra pas hésiter à reprendre et corriger certaines hypothèses si le financement global de l'entreprise semble insuffisant par rapport à ses besoins.

N'hésitez pas à consacrer plusieurs heures à l'étude et à la réflexion pour élaborer des prévisions fiables.

Même si vous êtes débordé – ce qui est le cas de tous les dirigeants qui sont à la fois à la foire et au moulin…–, il est impératif de vous « extraire » pendant un certain temps de votre société.

Effectuez le diagnostic de votre entreprise en toute sérénité.

Précisez au maximum ce que sont vos objectifs. Quelles sont les priorités de développement ? S'agit-il d'assurer :
- le maintien de l'activité et la survie de l'entreprise ?
- une certaine rentabilité ?
- une amélioration de la gestion ?

○ **Quelle que soit la situation de l'entreprise (difficultés passagères, difficultés existant depuis de nombreux mois ou entreprise en état de cessation de paiements), il importe de faire des prévisions pour se rendre compte de l'évolution possible de l'entreprise.**

Ces prévisions seront par la suite présentées à :
- des banquiers,
- des investisseurs (capital-risqueurs, etc.),
- des repreneurs,
- un administrateur judiciaire (en cas de redressement judiciaire),
- un juge commissaire (en cas de redressement judiciaire). ○

3.1.1. La phase qualitative

Cette étape est essentielle pour élaborer par la suite des prévisions chiffrées fiables. Elle est constituée d'une part, du check-up de l'entreprise et d'autre part, des stratégies et objectifs des dirigeants qui tiendront compte des points forts et des points faibles fournis à l'issue de celui-ci.

Phase de réflexion pour élaborer des prévisions

■ Check-up – Forces et faiblesses
    ■ Situation financière
    ■ Marché
    ■ Fonction commerciale
    ■ Équipe
    ■ Avance technologique
    ■ Outil de production

■ Objectifs du dirigeant
    ■ Rentabilité
    ■ Pérennité
    ■ Croissance importante des ventes

■ Stratégie
    ■ Politique de contrôle de gestion
    ■ Politique commerciale
    ■ Politique d'investissement
    ■ Politique de recrutement
    ■ Politique financière

3.1.2. La phase de chiffrage

Cette phase consiste à chiffrer les différentes politiques retenues et à établir les documents (comptes de résultats et plan de financement) correspondant à ces politiques.

Phase de chiffrage des hypothèses

■ Chiffrage des différentes politiques retenues
    ■ Politique de contrôle des dépenses
       – Exemple : réduction des frais de communication
    ■ Politique des ventes
       – Exemple : hausse prévue de 40 % du chiffre d'affaires par an
    ■ Politique d'investissement
       – Exemple : acquisition de tel équipement à tel montant
    ■ Politique de Ressources humaines
       – Recrutement de 2 collaborateurs (intérimaires, CDD…)
    ■ Politique financière
       – Exemples : crédit client abaissé de 40 à 30 jours
                   relance systématique des clients
                    acquisition de matériel en crédit-bail
                    recherche de fonds auprès d'investisseurs

■ Établissement des comptes de résultats prévisionnels, par exemple pour une ou deux années consécutives :
    ■ Chiffre d'affaires
    ■ Variation des stocks
    ■ Achats
    ■ Autres consommations externes (sous-traitance, loyer, communication, transport, documentation, personnel intérimaire, etc.)
    ■ Charges de personnel
    ■ Dotations aux amortissements
    ■ Dotations aux provisions
    ■ Charges financières

3.2. Sur quoi portent les prévisions ?

Les prévisions financières vont porter sur :

- le cycle d'exploitation (les ventes, les achats, la production, les stocks),

- les résultats et la rentabilité,
- la trésorerie,
- le financement de la société.

Les documents synthétiques prévisionnels seront les suivants :
- un compte de résultat prévisionnel,
- un plan de financement,
- un plan de trésorerie.

L'objet et les documents des prévisions	
■ Sur quoi ?	Ventes, production stocks Résultats Trésorerie (entrées, sorties) Financement
■ Quels documents ?	Compte de résultat prévisionnel Plan de financement Plan de trésorerie

Prenez le temps d'établir les trois documents prévisionnels suivants :
• le compte de résultat prévisionnel
• le plan de trésorerie
• le plan de financement
Vous verrez à quel point ces documents sont utiles.

3.2.1. Établir un compte de résultat prévisionnel

Le principe consiste à reprendre poste par poste les différents produits et les différentes charges de l'entreprise et à se poser les questions relatives à leur variation dans le temps. Ce chiffrage méthodique de tous les postes de charges et de produits constitue la démarche classique permettant de calculer le résultat prévisionnel.

Chiffrage des composantes du compte de résultat prévisionnel	
Ventes	Montant prévisionnel
Variation des stocks des produits finis	À estimer
Achats	Progression en volume et en prix
Variation des stocks de matières premières	À estimer
Autres consommations externes	Sous-traitance Loyers, communication, transport, personnel intérimaire, etc.
Charges de personnel	Variation prévue de l'effectif Hausse prévue des salaires Variation des charges sociales
Dotations aux amortissements	Amortissements à prévoir sur immobilisations (équipement, frais de recherche, etc.)
Dotation aux provisions	Prévoir des provisions pour dépréciation du stock
Charges financières	Calcul intermédiaire à effectuer tenant compte des besoins en fonds de roulement, des intérêts à verser, etc.

La construction du compte de résultat prévisionnel se fera en remplissant le tableau suivant :

Compte de résultat prévisionnel				
	Prévisionnel Année N+1		Réalisation Année N	
	Euros	En %	Euros	En %
A - Chiffre d'affaires B - Variation stocks (en cours et produits finis) (stock final – stock initial)				
C - PRODUCTION (= A + B)		100		100
D - Consommation matières premières E - Autres charges externes				

Faire de très sérieuses prévisions financières

Compte de résultat prévisionnel				
	Prévisionnel Année N+1		Réalisation Année N	
	Euros	En %	Euros	En %
F - VALEUR AJOUTÉE (= C – D – E)				
G - Impôts et taxes H - Charges de personnel				
I - EXCÉDENT BRUT D'EXPLOITATION (= F – G – H)				
J - Dotations aux amortissements et provisions K - RÉSULTAT D'EXPLOITATION (= I – J) L - RÉSULTAT FINANCIER				
M - RÉSULTAT COURANT AVANT IMPÔT (= K + L)				
N - RÉSULTAT EXCEPTIONNEL O - PARTICIPATION DES SALARIÉS P - Impôt sur les sociétés				
Q - RÉSULTAT NET (= M + N – O – P)				

3.2.2. Construire le plan de financement

Après avoir établi les comptes de résultats prévisionnels, il est nécessaire d'élaborer le plan de financement correspondant pour vérifier la cohérence entre les hypothèses de base et les possibilités financières de l'entreprise.

Le plan de financement est appelé parfois tableau de financement ou tableau d'emplois et ressources. C'est un élément indispensable pour les dirigeants, les financiers et les partenaires de l'entreprise : il permet de constater que les emplois sont bien couverts par des ressources financières et de comprendre la stratégie financière de celle-ci.

Pour construire un plan de financement, il est nécessaire de disposer de comptes de résultats prévisionnels correspondant à la période sur laquelle portent le plan et de nombreuses autres informations. Voici la liste des principaux éléments à collecter pour établir un plan de financement.

- Les **comptes de résultats prévisionnels** permettront de calculer la capacité d'autofinancement qui comprend le résultat net de l'exercice plus la dotation aux amortissements et aux provisions à caractère de réserve.
- La **politique d'investissement** : quels sont les programmes d'acquisition de nouveaux locaux ? de nouveaux équipements ?
  - en emplois financiers : les nouveaux investissements,
  - en ressources financières : le montant estimé des cessions d'immobilisation.
- La **politique de financement** de l'entreprise
  Quelles sont les **sources de financement** sur lesquelles la société peut compter : augmentation de capital ? apport d'argent frais par des capital-risqueurs ou des business angels ?
  Quels sont les remboursements de dettes à programmer ?
  Cette politique se traduira ainsi dans le plan de financement :
  - en emplois : remboursement des dettes,
  - en ressources : augmentation des dettes financières, augmentation des capitaux propres.
- La **politique de financement à court terme de l'exploitation** qui se traduit par le calcul du besoin en fonds de roulement. On notera :
  - en emplois : une augmentation des besoins en fonds de roulement,
  - en ressources : une diminution des besoins en fonds de roulement.
- La **politique de distribution de dividendes** : les dividendes distribués aux actionnaires constituent un emploi de fonds.

Le plan de financement		
Les hypothèses portant sur :	Sont enregistrées dans le plan de financement	
	En emplois	En ressources
Le compte de résultat prévisionnel		Résultat net
La politique d'amortissement		Dotation aux amortissements
La politique d'investissement	Nouveaux investissements	Cessions d'immobilisation
La politique financière	Remboursement	Augmentation du capital social
La politique de financement de l'exploitation	Augmentation des besoins en fonds de roulement	
La politique de distribution	Dividendes	
	TOTAL EMPLOIS	**TOTAL RESSOURCES**

3.2.3. Les étapes de construction du plan de financement

Le plan de financement est l'élément final de tout le processus visant à élaborer des documents prévisionnels si importants pour piloter l'entreprise. Les principales étapes conduisant à l'élaboration du plan de financement sont les suivantes :

☛ **Objectifs du dirigeant**
   Diagnostic global de l'entreprise
   Stratégies : les grandes options politiques retenues

☛ **Chiffrage des politiques**
   - Politique des ventes
   - Politique des Ressources Humaines
   - Politique de financement, etc.

- Estimation du montant du chiffre d'affaires prévisionnel
- Estimation des différentes charges (charges externes, charges de personnel)
- Calcul des besoins en fonds de roulement
- Estimation des frais financiers
- Estimation des amortissements, etc.

☞ **Établissement des comptes de résultats prévisionnels**

☞ **Résultats prévisionnels obtenus**
Capacité d'autofinancement (Résultat net + Amortissements)

☞ **Établissement du plan de financement** regroupant :
- en emplois : Programme d'investissements
  Augmentation des besoins en fonds de roulement
  Remboursement des dettes financières
  Dividendes
- en ressources : Capacité d'autofinancement
  Augmentation de capital
  Augmentation des dettes
  Cession d'actifs
- écart emplois-ressources

☞ **Examen de cohérence**
L'équilibre financier existe-t-il ?
Les résultats et les financements correspondent-ils aux intentions initiales ? S'il existe un déséquilibre ressources-emplois, comment le financer ?
Éventuellement, il faudra refaire une ou plusieurs simulations avec de nouvelles hypothèses pour que les grands équilibres soient obtenus.

Troisième partie

TROUVER DES SOLUTIONS EN CAS DE DIFFICULTÉS INSURMONTABLES

ENVISAGER DE CÉDER L'ENTREPRISE À UN REPRENEUR

- Une démarche pour sauver l'entreprise
- Un nouveau business plan bien préparé et réaliste
- Le contenu du dossier à présenter à un repreneur ou à un partenaire financier
- Comment estimer la valeur de votre entreprise ?

1. Une démarche pour sauver l'entreprise

Si les dirigeants de l'entreprise à croissance rapide se rendent compte que des fonds sont absolument nécessaires pour assurer la pérennité de l'entreprise et qu'il faut envisager toutes les solutions possibles, ils devront se préparer à :

- **céder l'entreprise à un repreneur**

Le développement des opérations de cession, de fusion et d'acquisition d'entreprises s'est très fortement accéléré depuis quelques années, particulièrement dans le domaine de la nouvelle économie.

Parfois, des entreprises à forte croissance se font racheter par de grands groupes qui sont sur le même marché et ont l'infrastructure et l'organisation adéquates pour poursuivre l'activité.

Parfois, l'entreprise innovante qui n'a plus la trésorerie suffisante pour continuer son activité se tourne vers un concurrent ou un fournisseur, partenaire qui pourra utiliser des synergies pour poursuivre le développement de l'activité.

- **trouver de nouveaux investisseurs** (capital-risque, business angels, banquiers)

C'est adopter une démarche positive que de présenter à de futurs repreneurs potentiels ou à de futurs investisseurs un dossier bien élaboré tenant compte des réalités du moment et de perspectives prudentes et réalistes de chiffre d'affaires et de résultats.

2. Un nouveau business-plan bien préparé et réaliste

2.1. L'expérience du business-plan existe

Le dirigeant de l'entreprise à forte croissance a déjà eu l'expérience de présenter un business plan à des financiers ou à des capital-risqueurs lors de sa création.

Il se trouve parfois que les chiffres avancés n'ont pas correspondu aux attentes qui avaient été à l'origine de la création. Ainsi :

- les chiffres d'affaires prévisionnels qui devaient progressivement atteindre par exemple 30 000 euros par mois ne s'élèvent qu'à 6 000 euros par mois,
- les retombées de telle campagne de communication ont été quasiment inexistantes,
- le produit, objet de la recherche de l'entreprise innovante, n'a pas pu être mis sur le marché à la date prévue,
- le marché qui devait faire un « malheur » n'existe pas ; par exemple, pour un site Internet, il y a eu beaucoup de consultations par des internautes, mais peu d'achats ont concrétisé l'intérêt porté aux produits proposés.

2.2. Le dirigeant maîtrise mieux son entreprise

Le dirigeant de l'entreprise va pouvoir monter un nouveau dossier de business plan qui intègre plusieurs éléments qu'il maîtrise beaucoup mieux :

☞ il connaît les derniers résultats de sa société : il a des chiffres réels qu'il peut utiliser,
☞ il a effectué le check-up de son entreprise et sait parfaitement analyser ses forces et ses faiblesses,

☛ il a repensé toute l'organisation existante, reconsidéré sa stratégie et ses politiques et engagé une politique de gestion plus efficace :
- des prévisions réalistes de besoins en fonds de roulement ont été élaborées en recherchant à les limiter au maximum : par exemple, au moyen d'une nouvelle politique de crédit clients (règlement à la commande, relance systématique des clients par téléphone et par courrier),
- l'analyse des différents coûts a été conduite dans le détail de manière à éliminer toute dépense superflue et à réduire les coûts,
- un compte de résultat prévisionnel a été préparé portant sur une période de plusieurs mois,
- des tableaux de bord de gestion ont été mis en place pour suivre en permanence l'évolution de la société (examen des ventes, des achats, des frais de recherche, évolution de la masse salariale, évolution de l'effectif, résultat d'exploitation, etc.),
- un plan de trésorerie repris chaque mois indique la situation de la trésorerie en caisse et en banque.

Tous ces travaux nécessaires à une gestion plus efficace vont servir au dirigeant non seulement à obtenir des résultats plus satisfaisants, mais encore à présenter la société et ses perspectives à des partenaires ou des repreneurs potentiels.

Utilisez les acquis liés à la gestion de votre entreprise à croissance rapide pour préparer un nouveau business plan réaliste tenant compte de toutes les mesures d'amélioration de la gestion que vous avez décidées ; la mise en œuvre d'une gestion prévisionnelle est indispensable pour établir des prévisions fiables pouvant être présentées à des partenaires financiers.

> **POUR ASSURER LA PÉRENNITÉ DE L'ENTREPRISE**
> - Établir des prévisions financières pour une gestion plus efficace
> - Rechercher un repreneur
> - Rechercher de nouveaux partenaires financiers

3. Le contenu du dossier à présenter à un repreneur ou à un partenaire financier

Le dossier à présenter à un éventuel repreneur ou à tout consultant financier chargé d'étudier le potentiel de la société dans un but d'investissement ou d'acquisition doit être composé de deux éléments essentiels.

☞ La **présentation la plus complète possible de l'entreprise** avec ses points forts et ses points à améliorer ; cette première partie du dossier reprendra les éléments du check-up en dix points vus précédemment (*cf.* chapitre 3) ainsi que les prévisions financières (*cf.* chapitre 5) et comportera :
- l'historique de l'entreprise à croissance rapide,
- son marché, sa spécificité par rapport à la concurrence,
- la répartition du capital social et les principaux actionnaires,
- la composition de ses équipes,
- les chiffres essentiels ainsi que les prévisions financières,
- les comptes de résultats prévisionnels,
- le plan de financement global de l'entreprise,
- le plan de trésorerie.

☞ Une **estimation de la valeur de l'entreprise**
Les dirigeants doivent en effet savoir évaluer sa valeur sur le marché des entreprises.

> **COMMENT INTÉRESSER UN REPRENEUR POTENTIEL OU UN NOUVEAU FINANCIER ?**
>
> - Proposer un business plan réaliste et efficace
>   et
> - Faire une première valorisation de l'entreprise

4. Comment estimer la valeur de votre entreprise ?

4.1. La valeur d'une entreprise dépend de l'offre et de la demande

Il est toujours très délicat d'estimer la valeur d'une société. En fait, dans chaque cas, les acheteurs potentiels et les cédants potentiels proposeront un prix. La valeur retenue dépendra de l'objectif recherché par les deux parties. S'agit-il pour un groupe de prendre une participation majoritaire dans une plus petite société dans un souci de croissance externe ? S'agit-il pour le dirigeant de l'entreprise d'assurer la pérennité de sa société ?

4.2. L'établissement de prévisions financières est indispensable pour l'évaluation de l'entreprise

Les consultants, experts financiers et spécialistes en évaluation font non seulement un examen approfondi de la situation actuelle de l'entreprise, ses actifs, son savoir-faire, ses marchés, son dynamisme, mais ils sont également conduits à prendre en compte les perspectives à court et moyen terme.

4.3. Les différentes méthodes d'évaluation d'une entreprise à fort potentiel

Les différentes méthodes de valorisation sont les suivantes :

1. La société est estimée à un **multiple de ses ventes ou de ses bénéfices** ; par exemple, elle vaut 20 fois son chiffre d'affaires. Pour les sociétés cotées en Bourse, les analystes financiers spécialistes de leur évaluation suivent de très près les chiffres prévisionnels ; un des ratios d'analyse financière les plus utilisés est le rapport cours / bénéfice par action, appelé **Price Earning Ratio** (P.E.R.) :

$$\frac{\text{Cours de l'action}}{\text{Bénéfice par action}} = \frac{\text{Capitalisation boursière}}{\text{Bénéfice net global}}$$

2. En l'absence de chiffres d'affaires significatifs ou en cas d'inexistence de résultats bénéficiaires, il convient de trouver d'autres références : certains, par exemple dans le secteur des télécommunications, ont calculé une valeur de l'entreprise à partir d'un **multiple du nombre d'abonnés pendant une période donnée.**

3. De plus, il est intéressant de situer sa société par **référence à d'autres sociétés sur lesquelles se sont produites de récentes transactions financières.** Ainsi, il est important de connaître le montant d'une transaction portant sur une société concurrente située sur le même marché ; il est possible de consulter sur Internet (par exemple sur lejournaldunet.fr) et dans la presse spécialisée dans la nouvelle économie (NEWBIZ, Le Nouvel Hebdo, Le Revenu, La Tribune de l'Économie, etc.) les dernières transactions portant sur les récentes cessions, fusions, acquisitions avec le nom des sociétés concernées, le nom des acquéreurs et le montant de la transaction.

4. Par ailleurs, il est souvent utile de comparer la société à valoriser avec une société cotée en Bourse qui a une activité proche. Il suffit de prendre le cours de la société cotée en Bourse,

de multiplier le cours par le nombre de titres pour avoir la **capitalisation boursière**. Pour avoir une première idée de la valorisation de l'entreprise à croissance rapide, il faut comparer le niveau des chiffres d'affaires des deux entreprises, leur niveau de résultats bénéficiaires (s'il y en a) et leurs perspectives de croissance ; par exemple, l'entreprise est cinq fois plus petite que l'entreprise cotée en Bourse : une première approche d'estimation consisterait à prendre le cinquième de la capitalisation boursière de la société cotée.

5. Un autre élément important dans la valorisation est de cerner le caractère particulièrement innovant des produits commercialisés. Il importe alors de faire ressortir les frais de recherche et de développement et, lorsqu'il y a eu des dépôts de brevets, d'**estimer la valeur des brevets déposés**. Souvent, la société a une valeur grâce à la **compétence des équipes** qui y travaillent. Cette méthode d'estimation des immobilisations immatérielles que sont les brevets, les marques, les modèles, les sites Internet, etc. rejoint la méthode classique de l'actif net d'une société.

6. La méthode de l'**actif net** ou de la valeur mathématique valorise l'entreprise en additionnant tous les éléments faisant partie de son actif (équipement, locaux, brevets, créances clients, trésorerie) et en déduisant les dettes.

Les différentes méthodes d'évaluation proposées ci-dessus sont souvent combinées pour procéder à une valorisation.

LES MÉTHODES D'ÉVALUATION DES SOCIÉTÉS

- Multiple d'une donnée chiffrée (multiple des ventes, multiple du résultat)
- Référence aux montants de récentes transactions financières portant sur des sociétés du secteur
- Référence à des sociétés du secteur cotées en Bourse
- Estimation de la valeur des brevets et des marques déposés
- Méthode de l'actif net

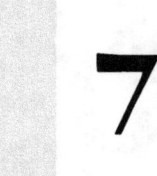

ENVISAGER LE DÉPÔT DE BILAN, LE REDRESSEMENT OU LA LIQUIDATION JUDICIAIRE

- Le dépôt de bilan et les nouveaux partenaires de l'entreprise
- La liquidation ou le redressement judiciaire
- Le redressement judiciaire, nouvelle donne pour l'entreprise
- Le tribunal de commerce, l'administrateur judiciaire et le mandataire judiciaire
- Les éventuels repreneurs
- L'issue de la procédure de redressement judiciaire

Envisager le dépôt de bilan, le redressement ou la liquidation judiciaire

1. Le dépôt de bilan et les nouveaux partenaires de l'entreprise

1.1. Déposer le bilan, une décision difficile pour le dirigeant

Pourquoi la cessation de paiements est-elle appelée dépôt de bilan ? Parce que la société ou plutôt ses dirigeants sont amenés à aller au greffe du tribunal de commerce pour y remettre les comptes de la société et déposer le bilan.

Que faire ? Quel dossier faut-il préparer ? Confronté à des difficultés, le dirigeant est assez isolé.

Il devra se rendre auprès du greffe du tribunal de commerce dont dépend la société et demander un dossier de dépôt de bilan ; ce dossier s'intitule la Déclaration de Cessation de Paiements (D.C.P.) en vue de l'ouverture d'une procédure de redressement judiciaire ou de liquidation judiciaire.

La déclaration de cessation de paiements doit être accompagnée de plusieurs documents obligatoires :

1. les comptes annuels du dernier exercice (ou des 3 derniers exercices si un redressement judiciaire est sollicité)
2. les nom et adresse du dirigeant
3. les noms et adresses des délégués du personnel
4. le nombre de salariés
5. le montant hors taxes du chiffre d'affaires du dernier exercice
6. les causes du dépôt de bilan
7. un inventaire sommaire des biens (immobiliers, mobiliers, stocks, etc.)
8. la liste des clients avec leurs adresses et le montant des créances dues
9. la liste des fournisseurs avec leurs adresses et les sommes dues à chacun d'entre eux ; cette liste permettra ensuite au mandataire judiciaire d'avertir l'ensemble des créanciers de

la procédure ; il leur demandera alors de déclarer leur créance à l'égard de la société mise en cessation de paiements
10. un bilan récapitulatif : actif réalisable et passif exigible

---

LE DÉPÔT DE BILAN EN PRATIQUE

Où s'adresser ? Au tribunal de commerce dont dépend la société.
Quelles formalités ? Remplir une déclaration de cessation de paiements.

**LA DÉCLARATION DE CESSATION DE PAIEMENTS
PRINCIPALES PIÈCES À FOURNIR**

- Comptes annuels de l'entreprise
- Bilan récapitulatif
- Nom, adresse du dirigeant
- Noms, adresses des délégués du personnel
- Nombre de salariés
- Liste des fournisseurs (noms, adresses, montant exact de la dette)
- Liste des autres créanciers (salariés, organismes sociaux, trésor public, banques)
- Liste des clients (noms, adresses, sommes dues)
- Inventaire sommaire des biens (immobilier, mobilier, stocks)

À partir du moment où la décision de déposer le bilan est prise et où la déclaration de cessation de paiements a eu lieu au greffe du tribunal de commerce, la machinerie judiciaire se met en marche et l'entreprise est alors prise dans un tourbillon judiciaire relativement lourd.

1.2. Les nouveaux partenaires de l'entreprise

À partir du moment où le bilan est déposé, tout change dans la gestion de l'entreprise et dans ses relations avec son environnement (fournisseurs, clients, banquiers, salariés) ; de plus, l'entreprise doit s'adapter à de nouveaux partenaires judiciaires et à de nouvelles règles relativement contraignantes.

Quels sont les nouveaux partenaires de l'entreprise ?

- ☞ Tout d'abord, l'appareil judiciaire : le **tribunal de commerce** est un lieu où le dirigeant va se rendre un certain nombre de fois tout au long de la procédure judiciaire : pour le jugement d'ouverture, puis périodiquement pour faire le point, et également pour le jugement décidant la fin de la procédure.

- ☞ Au tribunal de commerce, un **juge commissaire** assisté d'un juge suppléant a en charge le dossier de la société pendant la durée de la procédure ; selon l'article 14 de la loi sur le redressement judiciaire, il « est chargé de veiller au développement rapide de la procédure et à la protection des intérêts en présence ».

- ☞ Lors du jugement d'ouverture, sont nommés par le tribunal :
  - dans le cas du redressement judiciaire, un **administrateur judiciaire** et un **mandataire judiciaire** ; l'administrateur judiciaire est chargé d'assister ou de représenter le chef d'entreprise dans sa gestion ; le mandataire judiciaire est le représentant des créanciers,
  - Dans le cas de la liquidation judiciaire, un **mandataire liquidateur.**

- ☞ L'avocat de la société peut aider le chef d'entreprise pour représenter la société au cours de la procédure.

LES NOUVEAUX PARTENAIRES DE L'ENTREPRISE
■ Le tribunal de commerce et le juge commissaire
■ L'administrateur judiciaire*
■ Le mandataire judiciaire
■ L'AGS ou assurance garantie des salaires
■ La nouvelle banque de l'entreprise
■ Les éventuels repreneurs
■ L'avocat (éventuellement)

* En cas de redressement judiciaire

2. La liquidation ou le redressement judiciaire

2.1. Le jugement d'ouverture quelques semaines après le dépôt de bilan

En fonction du processus demandé ou obtenu après décision du tribunal de commerce lors d'un premier jugement qui a lieu généralement quelques semaines après le dépôt de bilan, plusieurs cas vont se présenter.

1. Si le dirigeant demande le redressement judiciaire de son entreprise et l'obtient, le processus judiciaire peut durer de 8 à 12 mois (ou 18 mois exceptionnellement) selon les cas. À l'issue de la procédure, l'entreprise sera reprise par une autre société ou continuera son exploitation avec les mêmes équipes qu'auparavant ; si aucun espoir de reprise ou de continuation n'existe, l'entreprise sera déclarée en liquidation et disparaîtra.
2. Si le tribunal de commerce estime que les chances de survie de l'entreprise en dépôt de bilan sont inexistantes, il va

Envisager le dépôt de bilan, le redressement ou la liquidation judiciaire

ordonner, lors du premier jugement, dit jugement d'ouverture, la liquidation immédiate de la société ; ce processus est beaucoup plus rapide : la société cesse immédiatement son activité et est dissoute.

LE PREMIER JUGEMENT OU JUGEMENT D'OUVERTURE
■ Dépôt de bilan auprès du greffe du tribunal de commerce
■ Jugement d'ouverture du tribunal de commerce
■ Soit un redressement judiciaire est prononcé ■ Soit la liquidation est décidée

LE REDRESSEMENT JUDICIAIRE

Processus relativement lent (8 à 12 mois)
L'entreprise peut être sauvée

LA LIQUIDATION JUDICIAIRE

Processus rapide
L'entreprise va mourir

2.2. La durée du dépôt de bilan est limitée

Selon qu'il s'agit d'un redressement judiciaire ou d'une liquidation judiciaire, la durée de la procédure est fort variable.

- Dans le cas d'un redressement judiciaire, il faut de la patience car la procédure est relativement longue : de 8 mois à un an minimum.
- Dans le cas d'une liquidation judiciaire, tout peut aller assez vite : un mois ou quelques mois.

COMBIEN DE TEMPS UN DÉPÔT DE BILAN DURE-T-IL ?
• REDRESSEMENT JUDICIAIRE : entre 8 et 12 mois • LIQUIDATION : arrêt immédiat de l'activité

LE REDRESSEMENT JUDICIAIRE CONSTITUE UNE PÉRIODE TRANSITOIRE ET LIMITÉE DANS LA VIE DE LA SOCIÉTÉ

Le système du redressement judiciaire est une particularité française. Il n'existe pas de procédure équivalente en Angleterre, en Allemagne, en Italie ni aux États-Unis. Dans ces pays, soit une entreprise existe, soit elle disparaît.

Le redressement judiciaire est une phase intermédiaire pour une société. Il lui est en effet donné la possibilité de continuer son exploitation malgré des résultats négatifs et des dettes importantes pendant une période allant de 8 à 12 mois. À l'issue de la période du redressement judiciaire, la société sera cédée à un repreneur, continuera son exploitation ou encore disparaîtra (liquidation).

ENTREPRISE EN CESSATION DE PAIEMENTS	PÉRIODE DE REDRESSEMENT JUDICIAIRE	• CESSION • CONTINUATION • LIQUIDATION

LE REDRESSEMENT JUDICIAIRE UNE PARTICULARITÉ FRANÇAISE

2.3. La liquidation judiciaire

La liquidation, c'est-à-dire l'arrêt immédiat de l'activité de l'entreprise et sa dissolution, peut être prononcée par le tribunal de commerce à plusieurs étapes de la procédure collective. La liquidation peut être prononcée par le tribunal de commerce :

- **dès le jugement d'ouverture**, sans période d'observation, lorsque la situation de l'entreprise apparaît au tribunal de commerce comme impossible à redresser,
- à **tout moment de la période d'observation** lors du redressement judiciaire, à la demande de l'administrateur judiciaire,

du mandataire judiciaire représentant des créanciers, de l'entreprise elle-même ; dans ce cas, le juge commissaire met fin à la mission de l'administrateur judiciaire.
- **à l'issue de la période d'observation** quand il estime, après le bilan économique et social et le plan de redressement proposé, que la société ne pourra pas être redressée.

Le tribunal de commerce qui prononce la liquidation nomme le représentant des créanciers en qualité de liquidateur. Celui-ci procède aux opérations de liquidation des biens de la société ; il doit rendre compte des actes de cession au juge commissaire.

- La cession des biens immobiliers se fait selon les formes prescrites en matière de saisie immobilière, c'est-à-dire par adjudication aux enchères publiques à la barre du tribunal de grande instance. La mise à prix et les conditions de vente et de publicité sont fixées par le juge commissaire.
- La cession des biens meubles (fonds de commerce, stocks de marchandises, matériels divers, micro-ordinateurs, matériel de bureau, logiciels) se fait sur décision du juge commissaire, soit aux enchères selon la voie de la saisie mobilière, soit de gré à gré.

LA LIQUIDATION JUDICIAIRE

- Arrêt immédiat de l'activité
- Perte d'emploi pour tous les salariés
- Dissolution de la société

> **UNE AUDIENCE AU TRIBUNAL DE COMMERCE**
> **TÉMOIGNAGE LORS D'UN JUGEMENT PRONONÇANT LA LIQUIDATION D'UNE ENTREPRISE**
>
> « Jeudi 26 avril 2001. Nous sommes debout, comme des écoliers qui auraient fait une faute, face à trois juges du tribunal de commerce, quai de Corse, à Paris. Motif de la convocation : dépôt de bilan de la société Unhomme.com. Depuis le vendredi 13 avril, nous sommes en cessation de paiements. Cas rare dans ces rencontres souvent difficiles entre un juge et des entrepreneurs, le président s'étonne de notre décision. Un compte d'exploitation pas si désastreux, un passif bien raisonnable... Oui, mais en l'absence d'apports financiers extérieurs, notre modèle économique n'est pas viable. Défiant toutes les lois de l'économie, nos dépenses sont structurellement supérieures à nos rentrées. La question est réglée. Le dossier va passer entre les mains d'un liquidateur. La rencontre aura duré un quart d'heure. »
>
> Nicolas RIOU, *Comment j'ai foiré ma start-up*, Éditions d'Organisation.

2.4. Le redressement judiciaire

2.4.1. Pourquoi cette appellation de redressement judiciaire ?

Il s'agit de l'espoir donné à une entreprise en grave difficulté d'être sauvée. C'est une période de répit pour l'entreprise.

L'administrateur judiciaire fait le diagnostic de l'entreprise dans un bilan économique et social et envisage les meilleures chances de survie de la société :

- poursuivre l'activité avec de nouveaux investisseurs dans le capital,
- céder partiellement certains actifs,
- trouver un repreneur.

> - L'entreprise continue à fonctionner
> - La trésorerie se fait avec l'argent qui rentre des créances clients
> - Les dépenses se font en fonction des entrées en trésorerie, en général au comptant

> **Article 1ᵉʳ de la loi du 25 janvier 1985 sur le redressement judiciaire**
>
> Il est institué une procédure de redressement judiciaire destinée à permettre la sauvegarde de l'entreprise, le maintien de l'activité et de l'emploi et l'apurement du passif.
> Le redressement judiciaire est assuré selon un plan arrêté par décision de justice à l'issue d'une période d'observation. Ce plan prévoit soit la continuation de l'entreprise, soit sa cession. Lorsqu'aucune de ces solutions n'apparaît possible, il est procédé à la liquidation judiciaire.

2.4.2. Les différentes étapes du redressement judiciaire

La procédure de redressement judiciaire se déroule en différentes étapes que l'on peut énumérer :

- ☛ le **dépôt de bilan** au greffe du tribunal de commerce compétent,

- ☛ le **jugement d'ouverture** du tribunal de commerce. Dans le cas d'un redressement judiciaire, le juge commissaire assisté du juge commissaire suppléant et en présence du procureur de la République procède à la nomination de l'administrateur judiciaire et du mandataire judiciaire qui, lui, représente les créanciers.

- ☛ la **période d'observation est fixée dans le jugement d'ouverture** en respectant une durée maximale prévue par la législation :

    1. Dans le **régime général**, la durée maximale est de 6 mois et peut être reconduite une fois pour une période de 6 mois ; exceptionnellement, le procureur de la République peut prolonger de 8 mois au maximum cette seconde période ; au total, la période d'observation ne peut donc excéder 20 mois. Le régime général s'applique

aux entreprises d'une certaine taille (plus de 50 salariés) et dont le chiffre d'affaires dépasse 3 millions d'euros.

2. Dans la **procédure simplifiée** qui s'applique aux entreprises ayant moins de 50 salariés et un chiffre d'affaires inférieur à 3 millions d'euros, la période d'observation est limitée à 4 mois et renouvelable une fois pour 4 mois. Au total, la période d'observation n'excède pas 8 mois.

☞ un **jugement du tribunal de commerce** clôt la période d'observation et décide du sort de l'entreprise en redressement judiciaire. Trois solutions sont possibles :
- la société est reprise : il s'agit d'un plan de **cession**,
- la société continue avec un plan de **continuation**,
- la société est mise en **liquidation**.

PROCÉDURE DE REDRESSEMENT JUDICIAIRE

RÉGIME GÉNÉRAL

- Société à effectif supérieur à 50 salariés
- Chiffre d'affaires hors taxes dépassant 3 millions d'euros
- Durée maximale : 20 mois (période d'observation de 6 mois renouvelable une fois pour 6 mois avec prolongation exceptionnelle possible de 8 mois à la demande du ministère public)

RÉGIME SIMPLIFIÉ

- Effectif inférieur à 50 salariés
- Chiffre d'affaires hors taxes inférieur à 3 millions d'euros
- Durée maximale : 8 mois (période d'observation limitée à 4 mois renouvelable une fois pour 4 mois)

POURQUOI LE REDRESSEMENT JUDICIAIRE ?

- Pour sauvegarder l'entreprise
- Pour maintenir l'activité et l'emploi
- Pour apurer le passif

```
┌─────────────────────────────────────────────┐
│        SCHÉMA DE LA PROCÉDURE               │
│        DE REDRESSEMENT JUDICIAIRE           │
│                                             │
│      ┌───────────────────────────────┐      │
│      │   1 - JUGEMENT D'OUVERTURE    │      │
│      └───────────────────────────────┘      │
│                                             │
│      ┌───────────────────────────────┐      │
│      │   2 - PÉRIODE D'OBSERVATION   │      │
│      └───────────────────────────────┘      │
│                                             │
│      ┌───────────────────────────────┐      │
│      │  3 - BILAN ÉCONOMIQUE ET SOCIAL│     │
│      │  PROJET DE PLAN DE REDRESSEMENT│     │
│      └───────────────────────────────┘      │
│                                             │
│      ┌───────────────────────────────┐      │
│      │    4 - DÉCISION DU TRIBUNAL   │      │
│      ├──────────────┬────────────────┤      │
│      │              │ REDRESSEMENT   │      │
│      │              │ JUDICIAIRE     │      │
│      │  LIQUIDATION │ • Cession      │      │
│      │              │ • Continuation │      │
│      └──────────────┴────────────────┘      │
└─────────────────────────────────────────────┘
```

3. Le redressement judiciaire, nouvelle donne pour l'entreprise

3.1. Gérer l'entreprise différemment

À partir de la date où l'entreprise se trouve en redressement judiciaire, les relations avec son environnement sont complètement modifiées.

- **Les dirigeants** de l'entreprise sont sous surveillance ; ils travaillent et gèrent la société sous le contrôle de l'administrateur judiciaire.

- **Les créanciers** ne sont pas payés ; ils sont en attente de l'issue du redressement judiciaire ; ils vont devoir déclarer leurs créances respectives auprès du mandataire judiciaire qui est le représentant des créanciers.
- **Les fournisseurs** qui n'ont pas été payés ne peuvent pas l'être, car la loi interdit à l'entreprise de payer les dettes dues avant la date du dépôt de bilan. C'est pourquoi la direction de l'entreprise doit expliquer aux fournisseurs cet état de fait et déployer toute sa persuasion pour conserver les fournisseurs qui sont indispensables à sa survie.
- **Les salariés** sont inquiets pour leur emploi ; ils élisent un représentant des salariés qui va avoir un rôle important dans toute la procédure : il va venir au tribunal de commerce à chaque audience ; il aura son mot à dire s'il y a un plan social de licenciement d'une partie du personnel ; il sera également consulté et donnera son opinion dans le cas d'une cession de l'entreprise. Par ailleurs, le représentant des salariés est amené à viser tous les relevés de salaires établis sous la responsabilité du représentant des créanciers et correspondant aux créances payées par l'AGS.
- **De nouveaux intervenants judiciaires** jouent un rôle : l'administrateur judiciaire, le mandataire judiciaire, le tribunal de commerce et le juge commissaire.

LA NOUVELLE DONNE POUR L'ENTREPRISE EN REDRESSEMENT JUDICIAIRE
Les dirigeants sont sous le contrôle de l'administrateur judiciaire qui a un rôle primordial : ■ soit il a une mission de simple surveillance ■ soit il a une mission d'assistance du chef d'entreprise ■ soit il a une mission de représentation
Les salariés élisent un représentant
Les créanciers déclarent leurs créances au mandataire judiciaire qui est le représentant des créanciers

Un dépôt de bilan et l'ouverture d'une procédure de redressement judiciaire ne signifient pas la fin de l'entreprise.

Dès que le jugement du tribunal de commerce a été prononcé, il convient d'organiser la société de manière différente. Voici les principales mesures à prendre :

- choisir éventuellement un avocat qui pourra donner des conseils judicieux,
- démarrer une nouvelle comptabilité de façon à bien différencier l'avant et l'après redressement judiciaire ; la date à retenir est celle du jugement d'ouverture ; en effet, toutes les créances dues aux fournisseurs ne pourront plus être réglées pendant la période de redressement judiciaire : cela est strictement interdit par la législation,
- faire prendre en charge les salaires pour la période située entre le dépôt de bilan et le jugement d'ouverture (quelques semaines). Le mandataire judiciaire choisit un organisme spécialisé qui est en contact avec l'AGS (Association pour la Garantie des Salaires). Cette association qui dépend de l'UNEDIC a pour mission de régler les salaires en cas de situation d'impécuniosité de l'entreprise.

3.2. Place des salariés dans le redressement judiciaire

3.2.1. Le représentant des salariés

Un représentant des salariés est élu par l'ensemble du personnel. Il sera associé à toutes les décisions, sera présent aux jugements du tribunal de commerce. Son rôle est très important.

- Le représentant des salariés est tenu au courant et donne son avis sur le plan social lorsque des licenciements sont proposés ; il est avisé des rapports élaborés par l'administrateur judiciaire, rapports transmis au juge commissaire avant chaque audience. Il appose sa signature sur les demandes de salaires aux AGS.
- Le représentant des salariés peut donner son avis lors des audiences publiques et principalement lors des audiences

non publiques en Chambre du Conseil (réunions des juges du tribunal de commerce, du procureur de la République, du greffier, de l'administrateur judiciaire, du mandataire judiciaire, du dirigeant de l'entreprise, des avocats et du représentant des salariés).

Cette audience en Chambre du Conseil a lieu lors du premier jugement, dit jugement d'ouverture, qui indique après le dépôt de bilan s'il s'agit d'une décision de liquidation ou de poursuite de l'activité sous la forme du redressement. Elle a également lieu à l'issue de la procédure de redressement judiciaire.

Dès que la procédure de dépôt de bilan est décidée, il convient de procéder à l'organisation de l'élection d'un représentant des salariés.
Le représentant des salariés doit être élu par l'ensemble des salariés ; il a un rôle important à jouer dans toute la procédure.

3.2.2. La garantie de salaire ou AGS en cas de dépôt de bilan

L'AGS (Association pour la gestion du régime d'assurance des créances des salariés) a été créée en 1973 par les partenaires sociaux.

Elle est financée par une contribution des employeurs sur les salaires. En 2001, le taux de la cotisation est de 0,10 % du salaire brut mensuel dans la limite de 4 fois le plafond de la Sécurité Sociale (soit, pour l'année 2002 : $2\,352 \times 4 = 9\,408$ euros). Les cotisations AGS abondent un Fonds National de Garantie des Salaires (FNGS) géré par l'AGS, l'UNEDIC et les ASSEDIC. Ce fonds a pour but d'assurer les versements des créances dues aux salariés dont l'entreprise est en redressement judiciaire ou en liquidation judiciaire.

Qui peut bénéficier de l'AGS ?

Tous les salariés qui sont liés à l'entreprise par un lien de subordination, ayant un contrat de travail (Contrats à durée indéterminée (CDI), Contrats à durée déterminée (CDD), Contrats à temps partiel).

Les dirigeants et les mandataires sociaux sont exclus du dispositif.

Qui met en œuvre l'AGS ?

Le mandataire judiciaire représentant des créanciers, nommé par le juge commissaire dès le jugement d'ouverture de la procédure du redressement judiciaire, est chargé de mettre en œuvre l'AGS. Il établit un relevé des créances salariales dans les 10 jours suivant l'ouverture de la procédure collective et transmet ce relevé au centre de gestion et d'études de l'AGS (CGEA). Il s'agit des créances superprivilégiées portant sur les 60 derniers jours de travail.

Quels sont les salaires garantis ?

- En cas de redressement :
    - les salaires dus à la date d'ouverture de la procédure collective,
    - s'il y a un plan de redressement et un plan social y afférent, les salaires dus, suite à la rupture du contrat de travail (préavis, indemnités de congés payés, indemnités de licenciement),
    - le montant maximal par salarié est fixé au 1er janvier 2001 à un montant de 777 400 F ou 118 514 euros pour les salariés ayant un contrat de travail de plus de 6 mois ; pour ceux dont le contrat de travail est inférieur à 6 mois, le maximum est de 239 200 F ou 36 466 euros.
- En cas de liquidation, les salaires garantis sont les salaires dus au cours de la période d'observation et des 15 jours suivant le jugement de liquidation, et au cours de la poursuite provisoire de l'activité.

- Le représentant des salariés est au courant de toutes les paies et de tous les calculs. Il doit apposer sa signature sur le relevé transmis par le représentant des créanciers à l'AGS.

L'AGS ou ASSURANCE GARANTIE DES SALAIRES

- Assurance pour les salariés d'être payés en cas de dépôt de bilan
- Le calcul des sommes dues est effectué par le représentant des créanciers
- Tous les relevés de salaires sont visés par le représentant des salariés

---

3.3. Une nouvelle comptabilité et de nouvelles règles

Le jour du jugement prononçant le redressement judiciaire est extrêmement important car il détermine de nouveaux liens juridiques entre la société et ses différents partenaires.

Cela est si important qu'il est nécessaire de faire démarrer une nouvelle comptabilité à compter de ce jour ; cette comptabilité fait table rase des sommes dues aux fournisseurs, aux administrations et aux banques.

- Les factures dues à des fournisseurs pour des marchandises livrées avant le redressement judiciaire ne peuvent être réglées. Cela serait considéré comme un délit ; même si le montant dû est faible, il est formellement interdit par la loi de payer le fournisseur concerné.
- Les sommes dues à l'Administration fiscale (Trésor Public) ou à des administrations sociales (URSSAF, ASSEDIC) sont en attente et ne sont pas à payer.
- Les sommes dues par les clients sont bien entendu enregistrées comme en période normale.
- Les banques qui ont consenti des découverts ferment leur compte.
- Une nouvelle banque est choisie par l'administrateur judiciaire.

- Certaines sommes dues au personnel, par exemple en cas de licenciement, seront prises en charge par les AGS.

La nouvelle comptabilité commence avec les caractéristiques suivantes : les anciennes dettes de l'entreprise ne sont pas prises en compte :

- dette fournisseur avant le redressement judiciaire nulle,
- dette fiscale avant le redressement judiciaire nulle,
- dette bancaire avant le redressement judiciaire nulle,
- dettes salariales avant le redressement judiciaire nulles.

Évidemment, cette situation est très favorable à la trésorerie de l'entreprise. C'est d'ailleurs la seule solution pour permettre le maintien de l'activité de la société.

LA NOUVELLE COMPTABILITÉ À METTRE EN ŒUVRE

- À partir de la date du jugement d'ouverture, il convient de commencer une nouvelle comptabilité
- Un nouveau bilan et un nouveau compte de résultat sont à comptabiliser. Il s'agit de commencer avec des comptes de dettes égaux à zéro

---

En contrepartie et puisque l'entreprise se trouve dans une situation difficile et que la confiance en elle est inexistante car nul ne connaît l'issue de la procédure, il est demandé à la société, pendant la période de redressement judiciaire, de :

- régler les fournisseurs comptant ; le problème se pose de savoir s'il faut régler les fournisseurs à la commande ou à la réception des marchandises. Tout dépendra des relations établies avec ceux-ci,
- rassurer les fournisseurs, en leur expliquant qu'il existe un article de loi très important en leur faveur : l'article 40. Grâce à cet article 40, les futurs fournisseurs de la société sont prioritaires,

- régler les sommes dues au Trésor Public aux bonnes échéances ; par exemple, régler la TVA pour la date à laquelle l'entreprise est tenue de payer,
- régler les sommes dues aux administrations sociales : URSSAF, ASSEDIC, Caisses de retraite aux échéances prévues,
- régler les paies des salariés aux bonnes dates.

Si l'entreprise n'effectue pas les règlements aux bonnes échéances, la procédure de redressement judiciaire peut être interrompue et elle peut être mise à tout moment en liquidation.

L'ARTICLE 40

Cet article de loi assure la garantie pour les fournisseurs et les créanciers d'être payés pour les opérations ayant lieu **après** le jugement d'ouverture du redressement judiciaire :
« **En cas de redressement judiciaire, les créances nées après le jugement d'ouverture sont payées à l'échéance s'il y a poursuite de l'activité.** »
« **Si les créanciers n'ont pas été payés en cas de cession de l'entreprise ou de transformation du redressement en liquidation, ces créanciers deviennent privilégiés juste après les salariés.** »

3.4. Les créanciers

Il s'agit de tous ceux à qui la société mise en dépôt de bilan doit de l'argent. C'est parce qu'elle ne pouvait plus faire face à ses engagements financiers qu'elle a été obligée de se mettre en situation de cessation de paiements.

Qui sont les créanciers ?

- Les **salariés** qui n'auraient pas été payés aux bonnes échéances.
- Le **Trésor Public** à qui la société doit des impôts ; il s'agit principalement de la taxe à la valeur ajoutée, la TVA, puis de différents impôts comme la taxe professionnelle, l'impôt sur les sociétés ou l'imposition forfaitaire annuelle (IFA) qui est due même en l'absence de bénéfices.
- L'**URSSAF**, Union Régionale de Sécurité Sociale et d'Allocations Familiales qui perçoit les charges de sécurité

sociale dont le montant correspond à environ 45 % des salaires bruts.
- Les **ASSEDIC** ou le GARP (Groupement des ASSEDIC de la Région Parisienne) qui sont les assurances chômage.
- Le Trésor Public, l'URSSAF et les ASSEDIC sont des créanciers privilégiés, c'est-à-dire que, lorsque la société sera reprise, revendue ou liquidée, les sommes qui sont perçues à cette occasion seront versées en priorité à ces créanciers.
- Les sommes dues aux **banques** (découverts ou prêts) et aux **fournisseurs** sont considérées comme des créances chirographaires, c'est-à-dire non prioritaires.

Comme il a déjà été mentionné, lors de la période de redressement judiciaire, si l'entreprise n'effectue pas les règlements aux bonnes échéances, la procédure de redressement judiciaire peut être interrompue et la liquidation peut être décidée.

> Pour les créances nées avant le jugement d'ouverture, il existe une interdiction de payer.
> Les créanciers dont la créance est antérieure au jugement d'ouverture doivent déclarer leur créance dans un délai de 2 mois auprès du représentant des créanciers.

3.5. Le « stress » du redressement judiciaire. Comment vivre dans l'incertitude ?

Pendant toute la période de redressement judiciaire, l'ensemble de l'entreprise a beaucoup de mal à vivre.

En effet, des doutes planent sur la pérennité de l'entreprise. Va-t-elle continuer ? Quels repreneurs potentiels vont se présenter ? Comment s'en sortir ? Un plan social va-t-il être proposé ? Le nombre des licenciements sera-t-il important ?

Ce stress permanent se conjugue avec des données très concrètes qui sont les suivantes : si, pour une raison ou une autre, les affaires ne sont pas satisfaisantes, si les recettes ne couvrent pas les dépenses, si l'entreprise ne peut pas payer ses fournisseurs pendant la période de redressement, alors la liquidation judiciaire sera décidée. Cette « épée de Damoclès » est là et tout le monde le sait.

Les dirigeants et l'ensemble du personnel se sentent très mal psychologiquement et il convient d'avoir une forte dose d'équilibre mental pour vivre cette période très difficile.

Lors d'un redressement judiciaire, la société doit continuer d'exister, mais elle a à déployer des trésors d'énergie, car le travail administratif et les soucis s'accumulent.

En plus des tâches courantes, il faut assurer :

- la recherche active de repreneurs,
- les documents à préparer pour l'administrateur judiciaire et le tribunal de commerce,
- les vérifications comptables pour le représentant des créanciers,
- les visites des futurs repreneurs,
- les réunions d'information avec le personnel sur la procédure,
- l'explication presque chaque jour de l'état de la procédure,
- la sauvegarde du moral des troupes.

Globalement, il s'agit pour le dirigeant d'un travail épuisant qui pourra se solder à l'issue de la procédure par la reprise de la société. Il faut une dose de sérénité et un optimisme à tous crins pour survivre sans dépression à une telle épreuve.

LES DIFFICULTÉS ÉCONOMIQUES DU REDRESSEMENT

- La « publicité contraire » faite par la concurrence
- Les fournisseurs mécontents
- Les clients désorientés

LES DIFFICULTÉS PSYCHOLOGIQUES DU REDRESSEMENT

- Où va-t-on ? Les salariés sont inquiets
- La société va-t-elle tenir ou être mise en liquidation ?

Envisager le dépôt de bilan, le redressement ou la liquidation judiciaire

Les fournisseurs
Il convient de les rassurer : « On ne vous règle pas ; si on continue ensemble, vous serez payés cash ».

Les clients
Il convient de les rassurer : « Ne vous inquiétez pas, vos commandes seront honorées comme avant ».

Les salariés
Ils sont dans l'angoisse de perdre leur emploi et s'ils sont commerciaux, ils doivent affronter la concurrence chez les clients.

Les concurrents
Ils se chargent de la contre-publicité à l'égard des clients : « Surtout n'achetez pas dans cette société, car ils sont en cessation de paiements et ne pourront vous livrer correctement ».

La période de redressement judiciaire est ponctuée de dates d'échéance pour lesquelles la société doit préparer les documents voulus. Pour chaque audience, il faut préparer les comptes de l'entreprise au jour de l'audience, faire certifier ces comptes par l'expert-comptable de l'entreprise et surtout préparer des comptes de résultats prévisionnels mois par mois afin de montrer au tribunal de commerce que la gestion est la plus rigoureuse possible ; les documents sont remis à l'administrateur judiciaire qui les transmet au juge commissaire.

Par ailleurs, il est nécessaire d'établir au plus vite un document détaillé de présentation de l'entreprise afin de pouvoir donner ces informations à de futurs repreneurs.

Il convient aussi, pour assurer la gestion de la société, de préparer les chèques de règlements des fournisseurs, des salariés, des organismes sociaux (URSSAF, ASSEDIC, Caisses de retraite) et également de préparer les traites ou les chèques reçus des clients.

En cas de redressement judiciaire, il convient surtout de ne pas se décourager et de ne pas s'étonner de la lourdeur de la gestion.

Outre la gestion normale de la société, il faut suivre des règles très spécifiques à cette période très particulière :

- préparer pour l'administrateur judiciaire des chèques et des documents d'acceptation de commandes pour les fournisseurs, préparer des états de remises de chèques et de traites reçus des clients,
- se rendre périodiquement chez l'administrateur judiciaire à des horaires prédéterminés,
- préparer périodiquement des états prévisionnels qui seront transmis par l'administrateur judiciaire au juge commissaire : comptes de résultats prévisionnels, plans de trésorerie,
- recevoir les repreneurs éventuels,
- se rendre aux audiences du tribunal de commerce.

4. Le tribunal de commerce, l'administrateur judiciaire et le mandataire judiciaire

4.1. Le rôle du tribunal de commerce

Les tribunaux de commerce ont pour tâche de traiter des litiges entre commerçants, c'est-à-dire entre entreprises.

- Ils enregistrent les comptes des entreprises chaque année.
- Ils sont responsables du registre du commerce et des sociétés.
- Ils sont chargés de ce qu'on appelle les procédures collectives.

Les magistrats des tribunaux de commerce sont des chefs d'entreprise, commerçants bénévoles, élus par leurs pairs. Une réforme du fonctionnement des tribunaux de commerce prévoit de leur adjoindre des magistrats professionnels. Cette réforme n'est pas encore en vigueur.

Envisager le dépôt de bilan, le redressement ou la liquidation judiciaire

Les procédures collectives
■ Dépôt de bilan
■ Cessation de paiements
■ Redressement judiciaire
■ Liquidation judiciaire

QUELQUES DÉFINITIONS

- Le **dépôt de bilan** consiste en l'apport par le dirigeant de ses comptes annuels au greffe du tribunal de commerce : il dépose son bilan et fait une déclaration de cessation de paiements.
- La **cessation de paiements** : selon la loi, l'entreprise est en cessation de paiements si elle est « dans l'impossibilité de faire face au passif exigible avec son actif disponible ». La procédure peut être ouverte par le dirigeant de l'entreprise en principe dans les quinze jours qui suivent la cessation de paiements. La procédure peut également être déclenchée par un créancier de l'entreprise, les délégués du personnel ou le procureur de la République.
- Le **redressement judiciaire** est défini dans l'article premier de la loi du 25 janvier 1985 sur le redressement judiciaire : procédure destinée à permettre la sauvegarde de l'entreprise, le maintien de l'activité et de l'emploi.

Lorsque la situation de l'entreprise est dégradée mais ne semble toutefois pas compromise, il existe auprès du tribunal de commerce une procédure spécifique qui évite la procédure collective dont il est fait état dans ce chapitre : il s'agit de la nomination par le tribunal d'un **mandataire *ad hoc***, mandataire judiciaire chargé de trouver une solution extrajudiciaire aux difficultés de l'entreprise. Cette possibilité n'est pas très connue des dirigeants.

4.2. Comment se déroulent les audiences au tribunal de commerce ?

Il existe deux types d'audiences du tribunal de commerce :

- **L'audience publique**

Siégeant sur une estrade, la cour du tribunal de commerce est composée du président du tribunal de commerce assisté de deux juges suppléants, du greffier et du procureur de la République. Face au tribunal, le public est composé d'administrateurs judiciaires, de mandataires judiciaires, d'avocats, de dirigeants et de représentants des salariés.

Lorsqu'une affaire est appelée, les parties concernées se lèvent et prononcent quelques mots. Cela est très rapide. Par exemple, lors d'une audience pour une fin de période d'observation, le président demande à l'administrateur judiciaire ce qu'il a à dire ; ce dernier indique par exemple qu'il demande la poursuite de l'activité. Le président demande au dirigeant et au représentant des salariés ce qu'ils ont à dire puis une date pour une prochaine audience est fixée.

- **La chambre du conseil**

Le tribunal de commerce et les parties sont réunis dans un lieu clos qui permet de discuter plus avant de la situation de la société.

C'est en chambre du conseil qu'a lieu le jugement d'ouverture. Le tribunal de commerce décide si la société doit être mise en liquidation ou au contraire continuer à vivre.

C'est en chambre du conseil que le projet du plan de redressement de l'entreprise est examiné. Sont présents :

- le juge commissaire et ses suppléants, le greffier
- le procureur de la République
- le représentant des créanciers
- le dirigeant
- le représentant des salariés
- l'avocat de la société
- le (ou les) repreneur(s) : s'il y a plusieurs repreneurs, ceux-ci viennent à tour de rôle devant la Cour

Envisager le dépôt de bilan, le redressement ou la liquidation judiciaire

Schéma de la salle d'audience en chambre du conseil			
Juge assistant	Président du tribunal	Juge assistant	Greffier
Procureur			Avocat de l'entreprise
Mandataire judiciaire	Administrateur judiciaire	Dirigeant	Représentant des salariés

Le déroulement de l'audience a lieu comme suit.

1. Le président demande à l'administrateur judiciaire de faire état de son analyse de la situation de la société ; il demande ensuite au représentant des salariés d'indiquer son avis.
2. Les repreneurs potentiels de l'entreprise se présentent puis ressortent. Ils ont donné chacun un chèque de banque correspondant à la somme proposée pour acquérir le fonds de commerce et certains biens mobiliers de la société : stocks, matériel de bureau, fonds de commerce (clientèle, marque, nom commercial).
3. Le tribunal s'exprime. Le procureur donne sa position. L'administrateur judiciaire et le représentant des créanciers indiquent leur choix en ce qui concerne le futur repreneur. S'expriment alors le dirigeant de l'entreprise et le représentant des salariés.
4. Délibération du tribunal.
5. Jugement final qui clôt la période d'observation : un repreneur est choisi.

4.3. Le tribunal de commerce de Paris

Il s'agit du plus important tribunal de commerce de France qui enregistre près de la moitié des créations d'entreprises et près de 75 % des entreprises à fort potentiel.

Afin de répondre aux attentes de nombreuses start-up ayant des difficultés, le tribunal de commerce de Paris s'est doté d'outils spécifiques.

- Depuis le début de l'année 2000, une chambre spéciale pour le contentieux des sociétés du secteur des nouvelles technologies et du multimédia a été créée (la huitième chambre) ; cette chambre est composée de 7 juges consulaires élus pour 2 ans qui sont particulièrement compétents en dans le domaine de l'audiovisuel ou de l'Internet.
- Par ailleurs, il existe une délégation qui traite les problèmes non contentieux dans le cadre de la prévention amiable des difficultés des entreprises ; les dirigeants viennent y exposer leurs problèmes et le juge délégué à la prévention désigne un mandataire *ad hoc*, c'est-à-dire un administrateur judiciaire chargé de trouver un repreneur avant toute procédure collective.
- Des études périodiques concernant les créations et les défaillances d'entreprises avec un examen particulier des start-up (baromètre du greffe du tribunal de commerce de Paris).

Extraits d'une étude du tribunal de commerce de Paris relative à la création et aux défaillances des start-up

En 2001, 931 start-up ont été créées à Paris.
Au 1er semestre 2001 : 597
Au 2e semestre 2001 : 334
Sont considérées comme start-up, les sociétés qui exploitent un site Internet ou réalisent des ventes sur Internet.
Au cours de l'année 2001, on note 138 start-up ayant fait l'objet d'un jugement d'ouverture en procédure collective.
Quelques exemples sont cités :
- une start-up (site Internet pour les médecins) de 25 salariés a déclaré un passif de 6 500 000 F ou 990 920 euros,
- une start-up (négoce de produits et services pour l'informatique) a déclaré un passif de 12 500 000 F ou 1 905 610 euros. Son dirigeant estime l'actif à 2 800 000 F ou 426 860 euros.

Les fonds de commerce comprennent principalement des actifs mobiliers (micro-ordinateurs, logiciels, licences, marques, fichiers de clients).
Les fichiers de bases de données se dévalorisent très rapidement ; en fait, l'essentiel de la valeur d'une start-up est constitué par le capital humain et le savoir-faire.

Source : Greffe du tribunal de commerce de Paris

4.4. Le rôle de l'administrateur judiciaire

L'administrateur judiciaire est nommé par le tribunal de commerce dans le cadre de la procédure de redressement judiciaire suivant un dépôt de bilan. Selon la décision du tribunal, il assure :

- la surveillance des opérations de gestion,
- l'assistance à l'entreprise,
- la représentation et l'administration de l'entreprise ; dans ce dernier cas, l'administrateur contrôle complètement l'entreprise ; il ouvre un nouveau compte dans une banque choisie par lui ; il signe tous les chèques de l'entreprise après avoir vérifié les montants dus : règlement des fournisseurs, des salariés, des organismes fiscaux (TVA) et sociaux (URSSAF, ASSEDIC, caisses de retraite).

Dans tous les cas, il désigne un commissaire-priseur pour valoriser les biens de l'entreprise : les stocks, le matériel de bureau (armoires, tables, matériel informatique, ordinateurs, imprimantes, photocopieuses), les logiciels d'exploitation, le parc automobile dont la société est propriétaire, les fournitures de bureau, etc.

L'ADMINISTRATEUR JUDICIAIRE A UN RÔLE ESSENTIEL DANS LA PROCÉDURE DE REDRESSEMENT JUDICIAIRE

Il administre la société concernée avec plus ou moins de responsabilités en fonction de la mission qu'il a reçue du juge commissaire lors du jugement d'ouverture de la procédure de redressement judiciaire :
- soit il surveille les opérations de gestion,
- soit il assiste l'entreprise,
- soit il représente et administre l'entreprise.

Établissement du plan de redressement de la société par l'administrateur judiciaire

Le bilan économique et social et le plan de redressement sont établis par l'administrateur judiciaire qui a en charge la représentation ou l'assistance de la société mise en redressement judiciaire.

Il s'agit d'un document important qui comporte les points suivants :

- ☞ la présentation de l'entreprise
- historique, création
- causes des difficultés de l'entreprise
- bilan social

- ☞ la situation économique et financière
- analyse de l'activité et des résultats
- analyse du bilan
- situation de l'actif et du passif

- ☞ le déroulement de la période d'observation
- activité, résultats et trésorerie
- évolution du plan social

- ☞ présentation des offres de reprise
- ☞ observation de l'administrateur judiciaire

4.5. Le mandataire judiciaire

Le mandataire judiciaire fait partie de la profession des mandataires judiciaires à la liquidation des entreprises. Il est inscrit sur des listes régionales qui sont établies dans le ressort de chaque cour d'appel.

Dans la procédure du redressement judiciaire, le mandataire judiciaire est nommé en qualité de représentant des créanciers. À ce titre, ses principales attributions sont les suivantes :

- il est le représentant des créanciers,
- il avertit tous les créanciers de l'ouverture de la procédure,

- il reçoit les déclarations de créances adressées par les différents créanciers de l'entreprise,
- il vérifie avec l'entreprise les créances déclarées,
- il calcule le total du passif déclaré,
- il soumet les déclarations de créance au juge commissaire avec des propositions de rejet ou d'admission,
- il fait régler les salaires par l'Assurance Garantie des Salaires,
- à l'issue de la procédure de règlement judiciaire, il donne son avis au tribunal de commerce, en particulier dans le cas d'une cession, sur le repreneur qui lui semble le plus intéressant.

Dans la procédure de liquidation judiciaire, le mandataire judiciaire exerce également les attributions de représentant des créanciers ; de plus, il procède aux opérations de liquidation : il est chargé de céder les actifs de la société et de répartir entre les créanciers le produit des cessions.

> LE MANDATAIRE JUDICIAIRE REPRÉSENTANT DES CRÉANCIERS DE L'ENTREPRISE

4.6. Les frais de justice

Les rémunérations des administrateurs et mandataires judiciaires sont fixées selon des barèmes définis par décret :

- il y a des frais fixes et
- des frais variables en fonction du nombre de salariés employés par l'entreprise, du chiffre d'affaires réalisé pendant la procédure, du prix de cession de l'entreprise, des études et tâches réalisées.

Rémunération de l'administrateur judiciaire

- pour chaque redressement judiciaire, l'administrateur perçoit un droit fixe de 2 287 euros (ou 1 525 euros dans le cas de la procédure simplifiée).

- Le coût du bilan économique et social dépend du nombre de salariés ; il s'agit d'un multiple d'une somme appelée taux de base (69 euros) ; par exemple, pour une entreprise employant de 1 à 19 personnes, le coût sera compris entre 15 et 20 taux de base, soit entre (15 x 69) = 1 035 euros et (20 x 69) = 1 380 euros.
- Lorsque l'administrateur judiciaire administre entièrement la société ou exerce la représentation dans le cas de la procédure simplifiée, il reçoit un droit proportionnel au chiffre d'affaires réalisé pendant la période d'observation selon le barème suivant :

Droits proportionnels en fonction du chiffre d'affaires	
Tranche de chiffre d'affaires	Pourcentage de droits
de 0 à 152 450 euros	2 %
de 152 450 à 457 350 euros	1 %
de 457 350 à 1 524 490 euros	0,50 %
de 1 524 490 à 4 573 470 euros	0,20 %
plus de 4 573 470 euros	0,10 %

Ainsi, si le chiffre d'affaires réalisé pendant la période d'observation s'élève à 762 245 euros, les droits perçus par l'administrateur judiciaire seront de :

pour la tranche de 0 à 152 450 euros   2 %   = 3 049 euros
pour la tranche de 152 450 à 457 350 euros   1 %   = 3 049 euros
pour la tranche de 457 350 à 762 245 euros
                                   0,5 %   = 1 524 euros
              Total   7 622 euros

- Pour la cession de l'entreprise, la rémunération de l'administrateur judiciaire dépend du montant obtenu lors de la cession de l'entreprise à un repreneur. Le barème est fonction du montant payé par le repreneur.

Envisager le dépôt de bilan, le redressement ou la liquidation judiciaire

- L'administrateur judiciaire qui devient commissaire à l'exécution du plan (en cas de plan de cession ou plan de continuation) reçoit une rémunération qui dépend du nombre de salariés présents dans l'entreprise à la date du jugement de redressement.

Au total, le coût des frais de justice lors d'un redressement judiciaire comporte les honoraires versés à l'administrateur judiciaire, au mandataire judiciaire, aux avocats, au commissaire-priseur (qui vient évaluer les actifs de l'entreprise au début de la procédure de redressement judiciaire) et les frais réglés au greffe du tribunal de commerce.

Frais de justice pour régler les honoraires et frais de :

- l'administrateur judiciaire
- le mandataire judiciaire
- les avocats
- le commissaire-priseur
- le tribunal de commerce

4.7. Les éventuels repreneurs

En période de redressement judiciaire, les dirigeants de la société et l'administrateur judiciaire cherchent à trouver un repreneur. À partir du moment où l'entreprise est en redressement judiciaire, elle est à vendre.

Il convient en conséquence de préparer un dossier de présentation de la société et de la faire visiter par d'éventuels repreneurs. De nombreux problèmes se posent, qu'il faudra résoudre au mieux :

- Comment faire reprendre la société ?
- Comment vendre la société ?
- Comment faire visiter l'entreprise ?
- Quels entretiens le repreneur aura-t-il avec les salariés ?
- Quelles synergies existe-t-il entre la société et le repreneur ?

- Le repreneur envisage-t-il de reprendre tout le personnel ou seulement une partie ?
- Souhaite-t-il reprendre les stocks ?
- Le repreneur souhaite-t-il conserver les locaux ou déménager, par exemple dans ses propres implantations ?
- Le repreneur envisage-t-il de continuer certains contrats (par exemple, des contrats de maintenance de matériel) ?
- Que faut-il montrer aux repreneurs : les comptes ? les clients ? les factures ? les stocks ?

Et si le repreneur voulait simplement en savoir plus et « piquer » des clients ou même des collaborateurs en distribuant ses cartes de visite… ?

La lettre de confidentialité qu'il doit signer avant de bénéficier de la présentation de la société et de visiter l'entreprise a en principe pour objet d'éviter tout dérapage. Mais on ne sait jamais.

Dès que le dépôt de bilan a été effectué et que le tribunal de commerce a décidé que la société était mise en redressement judiciaire, il convient de préparer un dossier détaillé de présentation de l'entreprise avec le maximum d'informations pour les éventuels repreneurs.

5. L'issue de la procédure de redressement judiciaire

À l'issue de la période d'observation concernant le redressement judiciaire, il existe **trois éventualités** :

☞ soit l'entreprise ne peut faire face à la situation : elle est mise en **liquidation judiciaire**. Son activité s'arrête immédiatement et sur le plan juridique, le jugement entraîne sa dissolution

- soit, l'entreprise a démontré sa capacité à réagir et à poursuivre son activité et elle va continuer à vivre. Dans ce dernier cas, il y aura :
  - soit un **plan de continuation**,
  - soit un **plan de cession** à un repreneur (cession partielle ou cession globale).

5.1. Plan de continuation

Le plan de continuation constitue la meilleure solution pour la société en difficulté. En effet, la société continue son activité ; elle dégage suffisamment de résultats bénéficiaires pour assurer le remboursement des dettes (qui avaient été gelées pendant la période de redressement). Il est prévu un échéancier de remboursement avec les créanciers.

5.2. Plan de cession

Le plan de cession assure en partie la pérennité de l'entreprise. En effet, il peut y avoir une cession totale de la société ou une cession partielle de son activité ou encore une cession de son fonds de commerce.

Le repreneur achète l'actif de la société, mais ne reprend pas les dettes. L'apurement du passif va se faire avec les montants obtenus lors de la cession.

Lorsque plusieurs repreneurs se présentent pour acquérir l'entreprise, le tribunal choisit celui qui semble le plus apte à assurer la pérennité de l'activité et surtout à conserver le maximum d'emplois.

Quatrième partie

TIRER AVANTAGE D'UNE GESTION EFFICACE

MAÎTRISER LA CROISSANCE EN UNIVERS INCERTAIN

- Une gestion dynamique pour réagir vite et réussir en avenir incertain
- Prendre des mesures destinées à réduire les besoins financiers
- Limiter la croissance pour assurer l'avenir

1. Une gestion dynamique pour réagir vite et réussir en avenir incertain

Face aux problèmes rencontrés, le dirigeant d'entreprise à croissance rapide va tout faire pour redresser la barre. Pour rester dans le vocabulaire maritime, il doit conduire sa société comme un dériveur et non comme un cargo. Cela signifie qu'il faut :

- virer de bord très vite en fonction d'éléments extérieurs inattendus,
- agir sur l'événement et non pas le subir,
- être sur le qui-vive en permanence pour prendre des décisions avec action immédiate,
- surveiller chaque ligne du compte de résultat,
- réduire les coûts au maximum dans un esprit de rentabilité : toutes les dépenses doivent être réexaminées et surveillées ; cette dépense est-elle utile ? correspond-elle à la vocation de la société ? n'y a-t-il pas de solution moins chère et plus efficace ?
- mettre à jour sans arrêt le portefeuille de produits,
- être très attentif à l'évolution très rapide du marché.

1.1. Une gestion plus efficace pour remédier à d'éventuelles difficultés

Une gestion plus efficace de l'entreprise à croissance rapide peut en partie résoudre les difficultés qu'elle peut rencontrer, en particulier les problèmes financiers. La méthode proposée est la suivante :

1. faire le check-up de l'entreprise avec le plus grand soin,
2. élaborer de nouvelles stratégies et de nouvelles politiques qui seront chiffrées le plus minutieusement possible,
3. pratiquer une gestion dynamique s'appuyant sur des tableaux de bord et des prévisions ; des suivis de prévisions seront examinés en permanence, remaniés et comparés avec les résultats réels de l'entreprise.

1.2. Prendre des mesures destinées à réduire les besoins de financement

Les besoins financiers pour le financement des opérations courantes des entreprises dépendent principalement :

- des délais de paiement accordés aux clients,
- de la politique de gestion des stocks,
- des délais de règlement obtenus des fournisseurs.

Aussi, des efforts particuliers portant sur ces trois éléments auront pour effet de limiter les besoins financiers. Une politique volontariste de diminution des besoins en trésorerie s'orientera en conséquence dans ces trois directions.

1.2.1. Réduction du délai de règlement des clients

L'exemple qui va suivre vise à montrer qu'une petite diminution du crédit accordé aux clients aura un impact important au niveau de la trésorerie.

Exemple d'une société dont le chiffre d'affaires toutes taxes comprises (CA TTC) est de 3 millions d'euros ; si son crédit clients habituel est de 2 mois et que son activité ne présente pas de saisonnalité, le crédit clients va s'élever à :

$$\frac{CA\ TTC \times 2}{12} = \frac{3 \times 2}{12} = 0,5 \text{ million d'euros}$$

Admettons que le chiffre d'affaires double et atteigne 6 millions d'euros :

- si le crédit clients reste identique (2 mois), il va passer à :

$$\frac{CA\ TTC \times 2}{12} = \frac{6 \times 2}{12} = 1 \text{ million d'euros}$$

Le crédit clients doublera pour un chiffre d'affaires doublé.

- si des efforts sont faits pour diminuer la durée du crédit clients, par exemple, si au lieu de régler en 60 jours, les clients paient en 50 jours, alors le montant du crédit clients passera à :

$$\frac{\text{CA TTC} \times 50}{360} = \frac{6 \times 50}{360} = 833\,333 \text{ euros}$$

Diminuer de 10 jours la durée de règlement des clients correspond à une diminution du crédit clients de :

$$1\,000\,000 - 833\,333 = 166\,667 \text{ euros}$$

c'est-à-dire à une réduction des besoins financiers d'autant (dans l'exemple, moins 16,6 %).

Il peut sembler difficile de réduire les délais de recouvrement des créances clients ; cependant, une politique de relance systématique par courrier ou téléphone donne souvent d'excellents résultats.

1.2.2. Gestion plus rigoureuse des stocks

Une politique de gestion plus rigoureuse des stocks peut conduire également à réduire les besoins de financement.

1.2.3. Négocier avec les fournisseurs des délais de règlement plus longs

Il est parfois possible de renégocier avec les fournisseurs des délais de règlement plus importants.

Pour limiter les besoins financiers – et cela est toujours possible – agir sur plusieurs éléments :
- réduire le délai de règlement des clients (cette tâche est généralement « payante » car elle permet de diminuer le montant des besoins financiers),
- gérer les stocks de façon plus stricte,
- obtenir des fournisseurs des délais de règlement plus longs.

1.2.4. Examen scrupuleux de toutes les charges de l'entreprise

Pour réduire les besoins financiers, il conviendra de procéder à un examen scrupuleux de toutes les dépenses de l'entreprise ; cette procédure conduira automatiquement à une diminution des besoins financiers : des dépenses seront rayées, il faudra peut-être envisager le départ de certains salariés, des campagnes de publicité seront sans doute annulées ou réduites. La gestion se fera à l'économie : toute dépense sera passée au peigne fin. Chaque ligne du compte d'exploitation sera examinée avec soin et tout coût non obligatoire à la survie ou au développement de l'entreprise sera banni.

Reprendre les comptes de l'entreprise et réexaminer chaque poste des dépenses : coûts salariaux, frais généraux (par exemple : le coût des voitures), etc.

2. Limiter la croissance pour assurer l'avenir

La croissance de l'activité a pour effet d'accroître les besoins financiers de l'entreprise. Les développements ci-après visent à démontrer que si par exemple une entreprise connaît un doublement de ses ventes, elle devra doubler ses moyens financiers. La croissance dans ces conditions ne doit pas être poursuivie au même rythme si le financement ne peut pas suivre.

Un doublement de la croissance conduit automatiquement à un doublement des besoins en financement.

Comment le bilan d'une société innovante se présente-t-il après une levée de fonds ?

Voici un schéma représentant le bilan très simplifié d'une société Y après une levée de fonds :

BILAN DE LA SOCIÉTÉ Y (fin d'exercice N) millions d'euros			
Actif		**Passif**	
Actif immobilisé	6	Capitaux propres	16
Stocks	2		
Crédit clients	13		
Disponibilités	3	Crédit fournisseurs	8
TOTAL ACTIF	24	TOTAL PASSIF	24

L'actif qui représente l'utilisation des fonds est constitué :
- de l'actif immobilisé (marque, brevets, recherche et développement, etc.),
- des stocks,
- du crédit clients,
- des disponibilités (la trésorerie en caisse ou en banque).

Le passif qui indique l'origine des fonds se compose :

- des capitaux propres (capital initial plus participations éventuelles d'investisseurs – capital-risque, business angels),
- du crédit fournisseurs : dettes à l'égard des fournisseurs.

Le fonds de roulement de la société Y est égal à la différence entre les capitaux propres et l'actif immobilisé. Il indique de quelle façon les immobilisations corporelles (exemple : local, automobile) ou incorporelles (marque, frais de recherche et développement) ont été ou non financées par des financements à long terme.

Dans cet exemple, le fonds de roulement est positif et égal à :

capitaux propres – actif immobilisé = 16 – 6 = 10 millions d'euros.

Le besoin en fonds de roulement est la différence entre les stocks et le crédit clients d'une part, et le crédit fournisseurs, d'autre part. Dans l'exemple, il est positif et égal à :

stocks + crédit clients – crédit fournisseurs = 2 + 13 – 8 = 7 millions euros.

La trésorerie est égale à la différence entre le fonds de roulement et le besoin en fonds de roulement (soit dans l'exemple : 10 – 7 = 3 millions d'euros).

Dans cet exemple, il n'y a pas de problème de financement ; la société dispose en trésorerie de cash inutilisé.

Comment le bilan de l'entreprise Y se présente-t-il une année plus tard ?

Un problème risque de se poser dès lors que l'activité va augmenter. Prenons le cas d'un doublement du chiffre d'affaires au cours de la période suivante.

Si les conditions de paiement restent identiques, par exemple :

- crédit clients : 2 mois de chiffre d'affaires TTC
- crédit fournisseurs : 3 mois d'achats TTC

et si la politique de stocks reste la même, à un doublement de chiffre d'affaires va correspondre :
- un doublement du montant du crédit clients,
- un doublement du montant du crédit fournisseurs,
- un doublement du montant des stocks.

Le bilan va se présenter comme suit à la fin de la période N+1.

Le fonds de roulement sera plus faible que précédemment (si par exemple, les dépenses de recherche ont progressé), soit :

capitaux propres − actif immobilisé : 16 − 7 = 9 millions euros

Le besoin en fonds de roulement va être doublé :

stocks + crédit clients − crédit fournisseurs : 4 + 26 − 16 = 14 millions d'euros (au lieu de 7 millions précédemment). Le doublement de l'activité a entraîné automatiquement un doublement du besoin en fonds de roulement.

Le besoin en **trésorerie supplémentaire** est de :

besoin en fonds de roulement − fonds de roulement : 14 − 9 = 5 millions d'euros.

BILAN DE LA SOCIÉTÉ Y (fin d'exercice N+1) millions d'euros				
Actif			**Passif**	
Actif immobilisé	7	Capitaux propres		16
Stocks (doublement 2 x 2 = 4)	4			
Crédit clients (doublement 13 x 2 = 26)	26	Crédit fournisseurs (doublement 8 x 2 = 16)		16
		Besoin de concours financiers		5
TOTAL ACTIF	37	TOTAL PASSIF		37

> **Notre Conseil**
>
> Avoir constamment à l'esprit que les besoins de fonds des entreprises à fort potentiel augmentent fortement en raison de la rapidité de leur croissance.
> Toutefois, il est possible d'agir sur les principaux facteurs dont dépendent ces besoins financiers par :
> - une réduction des délais de paiement accordés aux clients,
> - une politique de gestion des stocks,
> - l'obtention d'un allongement des délais de règlement des fournisseurs,
> - le contrôle des différents frais,
> - la maîtrise de la croissance.

PRÉPARER L'INTRODUCTION EN BOURSE

- L'introduction en Bourse
- Le rôle de l'indice NASDAQ

1. L'introduction en Bourse

1.1. Les avantages de la cotation en Bourse

La cotation en Bourse présente pour l'entreprise un certain nombre d'**avantages**.

- Pour l'entreprise à croissance rapide, c'est une façon de montrer sa réussite : se faire coter signifie que la société a déjà atteint une certaine taille et qu'elle est capable d'intéresser le monde de la finance et des investisseurs.
- La société cotée en Bourse peut également faire appel au marché pour d'éventuelles augmentations de capital.
- L'introduction en Bourse donne la possibilité aux capital-risqueurs de « sortir » de la société dans laquelle ils ont pris une participation au capital en faisant une plus-value. De même, la cotation en Bourse permet au créateur de mettre sur le marché un certain nombre de titres et de bénéficier de plus-values.

Le capital-risque qui permet de financer bon nombre d'entreprises à fort potentiel a pu se développer grâce au marché boursier et en particulier grâce à la création de compartiments spécifiques des grandes bourses mondiales réservés aux entreprises innovantes.

L'environnement économique et boursier joue un grand rôle sur la réussite d'une introduction en Bourse.

- Quand les cours sont à la hausse, les introductions se font très facilement : ainsi, durant trois années, en 1998, 1999 et 2000, de nombreuses valeurs ont été introduites à la Bourse de Paris.
- Par contre, lorsque la confiance des investisseurs disparaît et que les cours de Bourse diminuent, voire s'effondrent, il est quasiment impossible de s'introduire en Bourse ; ainsi, plusieurs sociétés qui avaient reçu le visa de la Commission des Opérations de Bourse pour s'introduire sur le marché en 2001 ont dû reporter l'opération programmée à une date ultérieure.

1.2. Le processus de l'introduction en Bourse

Une introduction en Bourse se prépare longtemps à l'avance. L'entreprise concernée se doit d'avoir l'esprit très ouvert au monde extérieur et d'accepter d'ouvrir ses comptes et d'indiquer sa stratégie et ses perspectives d'évolution à la communauté financière nationale et internationale. En effet, pour qu'une introduction en Bourse soit réussie, il est nécessaire que l'entreprise à croissance rapide sache qu'elle va être soumise aux feux des questions des analystes et des journalistes financiers. Une politique d'information financière et de communication avec la presse et les milieux financiers doit être mise en place.

Processus d'une introduction en Bourse
■ Société connue du public par la presse, la télévision, la success story
■ Documents remis à la Commission des Opérations de Bourse
■ Informations financières détaillées
■ Choix d'une valorisation pour l'introduction en Bourse
■ Environnement boursier favorable

1.3. À quel cours faut-il introduire la société en Bourse ?

Les jeunes entreprises de la nouvelle économie font rarement des bénéfices à leurs débuts.

Aussi, la **valorisation** de leurs actions par la méthode la plus utilisée en Bourse, à savoir, valoriser l'action par un multiple de son résultat par action, ne peut s'appliquer. Il s'agit de la méthode dite du Price Earning Ratio ou rapport Cours/Bénéfice ; tel titre vaut 20 fois ses bénéfices, par exemple.

Une autre méthode consiste à utiliser un multiple du chiffre d'affaires : telle société vaudra 12 fois son chiffre d'affaires, telle autre 70 fois son chiffre d'affaires.

Comme de nombreuses sociétés de la nouvelle économie sont liées à Internet ou aux télécommunications, on a trouvé une méthode de valorisation en prenant le nombre d'abonnés et en calculant le ratio : capitalisation boursière divisée par le nombre d'abonnés. Ce ratio permet de comparer entre eux les fournisseurs d'accès à Internet (FAI), tel Wanadoo.

Les méthodes de valorisation des sociétés côtées
Le rapport **Cours/Bénéfice par action** ou **Price Earning Ratio** (PER)
Le ratio **Capitalisation boursière/Chiffre d'affaires**
Comparaison avec une entreprise concurrente cotée en Bourse ou qui vient d'être rachetée
Le ratio **Capitalisation boursière/Nombre d'abonnés** (pour les valeurs de fournisseurs d'accès à internet)

1.4. La Bourse de Paris ou Euronext Paris

L'heure est au regroupement des bourses européennes ; les bourses de Paris, d'Amsterdam et de Bruxelles viennent de fusionner pour former EURONEXT.

La Bourse de Paris s'appelle désormais Euronext Paris.

Les chiffres clés de Euronext Paris (au 28 mars 2002)	
Structure de la cote des actions	
Actions françaises et étrangères	**925**
Premier marché	422
Second marché	339
Nouveau marché	164
Volume de transactions (en milliards d'euros)	
Actions françaises et étrangères	109,5
Obligations françaises et étrangères	2,8
Capitalisation boursière (en milliards d'euros)	
Actions françaises	**1 365**

Source : Euronext Paris

Il existe quatre compartiments boursiers où sont cotées les sociétés. Par ordre d'importance décroissante :

- le Premier marché
- le Second marché
- le Nouveau marché
- le Marché libre ou de gré à gré

Les principales caractéristiques des différents marchés de la Bourse Euronext Paris sont indiquées ci-après :

Bourse de Paris (Euronext Paris) Les différents compartiments boursiers	
Premier marché	Grandes entreprises Bonne liquidité des titres Volume de transactions important
Second marché	Sociétés de taille moyenne Conditions d'admission plus souples que pour le Premier marché Transparence sur les informations financières de la société
Nouveau marché	Créé en 1996 Sociétés nouvelles à forte croissance Capitalisation boursière minimale de 15,24 millions d'euros Fonds propres nécessaires : 1,5 million d'euros Diffusion des titres dans le public : 100 000 actions minimum Obligation de fournir régulièrement des informations financières
Marché libre	Existe depuis 1996 Marché de gré à gré non réglementé Ex-Marché hors cote

2. Le rôle de l'indice NASDAQ

2.1. Les entreprises à croissance rapide et la Bourse

La merveilleuse histoire des entreprises à croissance rapide n'aurait pas pu se produire s'il n'y avait pas eu un décor de rêve tout autour.

En effet, les premières jeunes pousses ont été créées vers 1997-1998 aux États-Unis et certaines ont alors connu des succès retentissants : la réussite de quelques jeunes informaticiens frais émoulus de grandes écoles ou ayant déjà entamé une carrière prometteuse dans des grandes structures défraya la chronique pendant plusieurs mois.

De nouveaux millionnaires voire milliardaires en dollars se sont signalés grâce à des développements fulgurants de leurs sociétés qui, par un coup de baguette magique, avaient une croissance de chiffre d'affaires en progression géométrique, une progression étonnante de leurs effectifs, des facilités à lever des fonds, l'attente de résultats financiers importants et l'introduction en Bourse réussie, des augmentations très rapides des cours de l'action et des capitalisations boursières énormes ; on a vu des cours de Bourse correspondant à 300 ou 400 fois les chiffres d'affaires prévisionnels !

Dans chaque pays, il existe un compartiment spécifique de la Bourse consacré aux sociétés récentes et à fort potentiel :

- aux États-Unis, c'est le NASDAQ,
- en Allemagne, le Neuer markt,
- en France, le Nouveau marché.

L'évolution de ces différents marchés boursiers a constitué une toile de fond favorable en 1999 et début 2000 pour l'évolution des entreprises de croissance ; lorsque les cours ont progressé, puis dans certains cas explosé, ces entreprises ont connu la gloire ; lorsque les cours de Bourse ont fortement décru, on a parlé de e-krach et certaines sociétés ont connu des difficultés de financement.

2.2. Comment le NASDAQ, Bourse américaine des valeurs technologiques, peut-il avoir une influence sur le financement des entreprises à croissance rapide ?

À première vue, on peut se demander en quoi une entreprise à croissance rapide qui se trouve tranquillement en France peut être liée à la Bourse américaine des sociétés de nouvelles technologies NASDAQ qui se trouve à New York.

La liaison se fait de la manière suivante :

☛ les cours de la Bourse du NASDAQ représentent la valorisation et le thermomètre des sociétés américaines du secteur des nouvelles technologies de l'information et d'Internet cotées sur une Bourse spécifique :
- si les cours montent, le monde des entreprises de croissance et du capital-risque est euphorique,
- si les cours baissent, le moral de la communauté financière liée au monde des entreprises à fort potentiel baisse.

2.2.1. En période de hausse des cours du NASDAQ

- Les cours de Bourse des valeurs dans le monde liées aux nouvelles technologies de l'information progressent : en France par exemple, les cours des actions cotées au Nouveau marché montent.
- Les transactions augmentent.
- Des fortunes se font.
- Des plus-values énormes peuvent être enregistrées.
- Les introductions en Bourse sont favorisées.
- La valorisation des sociétés à fort potentiel, qu'elles soient ou non cotées en Bourse, progresse.
- Les financiers examinent favorablement les dossiers.
- Les levées de fonds se font relativement facilement auprès des capital-risqueurs.

- La création des start-up est favorisée.
- Des articles de presse relatant la success story de telle entreprise, de tel dirigeant.
- Un battage médiatique sans précédent vante les mérites de la nouvelle économie et des entreprises à fort potentiel de croissance.

2.2.2. En période de baisse des cours du NASDAQ

Après ce qu'on a appelé les e-krachs ou baisses très sévères des cours de Bourse des valeurs technologiques cotées aux États-Unis et en France, en avril 2000 puis début 2001 et à l'automne 2001, un phénomène inverse au précédent a été enregistré.

- La défiance s'est installée.
- Les cours de Bourse des valeurs liées aux nouvelles technologies de l'information ont beaucoup baissé.
- Les transactions se sont réduites.
- Finies les fortunes rapides grâce aux plus-values boursières !
- Des pertes énormes ont pu être enregistrées.
- Les introductions en Bourse ont été repoussées, car dans un climat incertain, les investisseurs boursiers ne souhaitent pas s'engager.
- La valorisation des entreprises à fort potentiel – qu'elles soient ou non cotées en Bourse – diminue.
- Les financiers deviennent très frileux et examinent les dossiers avec réserve.
- Les levées de fonds se font plus difficilement auprès des capital-risqueurs et des business angels.
- Les banquiers sont moins intéressés par l'apport de financements.
- La création des entreprises à fort potentiel de croissance est défavorisée.
- Des articles de presse relatant les « défaites » de telle entreprise, de tel dirigeant.

Le processus liant l'évolution des cours de la Bourse américaine du NASDAQ et le financement des entreprises à fort potentiel peut être schématisé de la manière suivante :

Liens entre le financement des entreprises à fort potentiel et la Bourse américaine	
NASDAQ en hausse	• Création de nouvelles sociétés à croissance rapide en progression • Confiance dans la nouvelle économie • Levées de fond facilitées • Articles de presse dithyrambiques • Plus-values rapides • Introductions en Bourse facilitées
NASDAQ en forte baisse	• Création d'entreprises à croissance rapide limitée • Défiance à l'égard des start-up • Pertes importantes en Bourse • Levées de fonds difficiles • Trop de risque • Pas ou peu d'introductions en Bourse • Difficultés financières pour certaines entreprises de croissance • Dépôts de bilan annoncés • Articles de presse très pessimistes

> IL PEUT PARAÎTRE ÉTRANGE QUE LE FINANCEMENT DES ENTREPRISES À CROISSANCE RAPIDE EN FRANCE DÉPENDE DES COURS DE BOURSE DU NASDAQ À NEW YORK

2.3. Les caractéristiques du NASDAQ

Le NASDAQ est un marché boursier américain créé en 1971 qui comporte environ 4 900 titres cotés. Ses principales caractéristiques sont les suivantes :

☞ Cotation de nombreuses valeurs dites des nouvelles technologies de l'information comme :
- DELL, société fabriquant des ordinateurs,
- Microsoft, la société de logiciels,
- Amazon.com, site de commerce en ligne,
- Yahoo !, portail favorisant la recherche d'informations.

☛ Très grande volatilité des cours, c'est-à-dire très fortes variations à la hausse comme à la baisse des cours de Bourse.

☛ Exemples :
- Yahoo ! :   cours en janvier 2000 :   237,50 $
  5 avril 2001 :   15,25 $
  25 septembre 2001 :   9,70 $
- Amazon.com : cours en janvier 2000 :   91,50 $
  2 janvier 2001 :   13,80 $
  25 septembre 2001 :   7,50 $

☛ Importante couverture médiatique du fonctionnement du marché : le NASDAQ est installé à New York au cœur de Manhattan dans un immeuble ultra-moderne dénommé le Market Side ; les cours des actions sont diffusés en permanence sur un écran géant qui recouvre 7 étages de l'immeuble ; de plus, plusieurs sites tels nasdaq.com, boursorama.com ou nasdaqnews.com diffusent toutes les cotations ou informations diverses sur les valeurs du NASDAQ ; par ailleurs, des studios de télévision sont prêts en permanence à diffuser dans le monde entier les cotations du marché, en particulier par la chaîne CNN.

☛ Le marché américain NASDAQ a fait des émules en Europe puisque plusieurs marchés spécialisés dans les valeurs liées à la net-économie ont été créés à Paris (le Nouveau marché) et en Allemagne (le Neuer markt).

☛ La surveillance des cours sur le NASDAQ est particulièrement serrée pour les valeurs dont le cours descend à un niveau jugé trop bas ; si les cours d'une action passent à un montant inférieur à 1 dollar pendant un mois, la société concernée reçoit un avertissement lui indiquant qu'elle dispose de 3 mois pour réagir ; si elle n'y parvient pas, elle est rayée de la cote. Pour éviter une telle mesure, les sociétés essaient le plus souvent de racheter elles-mêmes leurs propres actions pour faire remonter les cours ou bien font transférer la cotation du titre sur le marché Amex, où la réglementation est plus tolérante.

☞ Les règles spécifiques du NASDAQ ont contribué au développement de la pratique, par les dirigeants des sociétés cotées américaines, de déclarations appelées « profit warning » (ou alerte ou mise en garde sur les bénéfices). En effet, lorsqu'un dirigeant d'une société cotée constate que les analystes financiers spécialistes de sa société prévoient des taux de croissance des résultats trop élevés par rapport à ses propres prévisions, il est tenu d'en avertir toute la communauté financière en raison de la fameuse transparence de l'information ; l'annonce de « profit warning » peut entraîner des chutes importantes des cours.

Le tableau ci-après reprend les principales caractéristiques du marché boursier NASDAQ.

Les caractéristiques du NASDAQ
Marché américain des sociétés de haute technologie
Nombre d'actions cotées : 4 900
Très grande volatilité des cours : l'indice est passé de plus de 5 000 en mars 2000 à moins de 1 500 fin septembre 2001
Réglementation relativement sévère : suppression des titres valant moins de 1 dollar
Surveillance poussée lors de très fortes variations de cours sur une courte période
Très forte médiatisation de ce marché au niveau mondial
Les marchés européens et asiatiques ont créé des marchés équivalents pour les valeurs liées à la nouvelle économie
En France, les entreprises à fort potentiel de croissance sont cotées sur le Nouveau marché ou sur le Marché libre

2.3.1. Évolution des cours sur le NASDAQ

L'évolution de l'indice du NASDAQ du début 2000 à avril 2002 a été la suivante :

- Début 2000 : environ 3 600
- 10/03/2000 : maximum de 5 048
- 14/04/2000 : 3 321
- 30/11/2000 : 2 598
- 11/12/2000 : 3 015
- 12/03/2001 : 1 923
- 23/03/2001 : moins de 1 800 (plus bas niveau depuis le 3/11/1998)
- 25/9/2001 : moins de 1 500
- 10/4/2002 : 1 363

2.3.2. Les e-krachs

Les fortes baisses du NASDAQ en mars 2000 puis à l'automne 2000 et en 2001 ont été appelées e-krachs par les milieux financiers. Parallèlement, on a noté les déboires de nombreuses start-up sur la côte ouest des États-Unis et des licenciements de plus de 40 000 salariés au cours de l'année 2000 par près de 500 entreprises dites « dot.com » (c'est-à-dire travaillant sur des sites ou liées à Internet). De nombreuses faillites sont attendues.

LEXIQUE DES ENTREPRISES À CROISSANCE RAPIDE

ANVAR

Agence Nationale de Valorisation de la recherche.

B to B (ou Business to Business)

Vente de biens ou de services d'une entreprise à d'autres entreprises (exemple : une société qui vend des équipements d'embouteillage à une coopérative de vins).

B to C (ou Business to Consumer)

Vente de biens ou de services d'une entreprise à des particuliers (ex : une entreprise qui vend des voyages à des particuliers).

BIOTECHNOLOGIE

Sciences de la vie dans l'application desquelles les sociétés innovantes jouent un grand rôle (par exemple, l'étude du génome humain).

BOURSE

Marché où s'échangent des titres (actions et obligations).

BRICK AND MORTAR (brique et mortier)

Entreprise de l'économie traditionnelle constituée de briques et de mortier (usines, etc.).

BUSINESS ANGEL (ange des affaires)

Particulier investisseur aisé qui souhaite financer et conseiller des entreprises à fort potentiel en leur faisant bénéficier de son expérience, de ses relations et de son apport d'argent frais ; il s'agit souvent de chefs d'entreprises ou d'anciens cadres supérieurs.

BUSINESS PLAN

Document prévisionnel élaboré par les créateurs d'entreprises à fort potentiel qui indique de manière détaillée le contenu du projet, la stratégie de développement, la croissance attendue du chiffre d'affaires, le montant de ce dernier, les résultats futurs et surtout les besoins de financement pour les mois à venir (levées de fonds nécessaires). Le sérieux avec lequel le business plan montre les perspectives économiques et financières de l'entreprise, conditionne l'intérêt et la confiance des investisseurs potentiels dans l'entreprise à forte croissance et donc son financement.

CAPITAL-RISQUE

Société financière spécialisée dans l'apport de fonds à de nouvelles sociétés qui ont besoin d'importants capitaux pour se développer ; le but de la société de capital-risque est de prendre une participation significative dans le capital d'une entreprise à forte croissance et de revendre cette participation avec une importante plus-value dès que la société a une forte valorisation (souvent après une introduction en Bourse).

CLICK AND MORTAR (clic et mortier)

Entreprise de l'économie traditionnelle qui a également des activités sur Internet. Elle correspond au clic (de l'Internet) et au mortier (l'économie traditionnelle).

CONCOURS NATIONAL D'AIDE À LA CRÉATION D'ENTREPRISES DE TECHNOLOGIES INNOVANTES

Concours ouvert à tout projet innovant qui contient de la recherche scientifique et technologique.

DOTCOM

Il s'agit d'une start-up (« dot » signifie point en anglais ; la plupart des entreprises liées à Internet ont des sites qui se terminent en « .com »). En fait, c'est l'appellation donnée aux entreprises dont l'activité est liée à un site web.

E-COMMERCE

Abréviation pour le commerce électronique initié par Internet.

ENTREPRISES À CROISSANCE RAPIDE

Entreprises innovantes qui ont un fort potentiel de croissance.

FONDS D'AMORÇAGE

Financement de capital-risqueurs ou de business angels permettant de mener l'activité des entreprises à fort potentiel.

FONDS COMMUN DE PLACEMENT DANS L'INNOVATION

Les FCPI créés en 1997 ont vocation d'investir au moins 60 % de leurs actifs dans des sociétés innovantes et non cotées.

INCUBATEUR

Société spécialisée, qui fournit, pendant une durée limitée (souvent une année), locaux, conseils et parfois moyens financiers à des start-up naissantes en échange d'une part de leur capital.

INTERNET

Ou la Toile ou le Réseau.

JEUNE POUSSE

Traduction française de start-up.

LEVÉE DE FONDS

Montants obtenus par les start-up auprès de sociétés de capital-risque ou auprès d'investisseurs.

MARCHÉ LIBRE

Sur la Bourse de Paris, il s'agit d'un marché de valeurs boursières non réglementé où se retrouvent un certain nombre de sociétés de la nouvelle économie.

NASDAQ

Bourse américaine située à New York spécialisée dans la cotation des valeurs de la nouvelle économie et des nouvelles technologies.

NET.ÉCONOMIE

Désigne parfois la nouvelle économie liée à l'utilisation d'Internet.

NOUVEAU MARCHÉ

Désigne un compartiment de la Bourse de Paris qui regroupe des sociétés récentes à forte croissance. Pour être introduite sur ce marché, la société doit avoir une capitalisation boursière (cours x nombre d'actions) supérieure à 15 millions d'euros, des fonds propres dépassant 1,5 million d'euros et avoir au moins 100 000 actions diffusées dans le public ; la société cotée sur le Nouveau marché est également tenue d'informer régulièrement le public de ses résultats.

NOUVELLE ÉCONOMIE

Il s'agit du secteur de l'économie qui fabrique et exploite les Nouvelles Technologies de l'Information et de la Communication, en particulier Internet. La « nouvelle économie » serait apparue aux États-Unis vers 1992-1993.

NTIC OU NOUVELLES TECHNOLOGIES DE L'INFORMATION ET DE LA COMMUNICATION

Activités liées à la fabrication et à l'utilisation des matériels informatiques ou de télécommunication : production de matériels électroniques, d'ordinateurs, de téléphones mobiles, de composants pour ces matériels :

- création des contenus des sites Internet : multimédia, Bourses en ligne ; commerce et location des matériels informatiques et de communication,
- services liés aux nouvelles technologies : conseil, logiciels informatiques, accès à Internet, etc.

PORTAIL

Site Internet permettant d'interroger d'autres sites.

START-UP

Jeune entreprise ou « jeune pousse » à fort potentiel de croissance dont le secteur fait partie des Nouvelles Technologies de l'Information ou de la Communication.

WEB

La Toile ou le Réseau Internet.

LEXIQUE RELATIF AU DÉPÔT DE BILAN

ADMINISTRATEUR JUDICIAIRE

Administrateur nommé par autorité de justice, chargé d'administrer une société qui, après avoir déposé son bilan, a été mise en redressement judiciaire. Il peut recevoir du tribunal de commerce une mission de surveillance, d'assistance ou de représentation (administration complète).

AGS

Association pour la Gestion du régime d'assurance des créances des Salariés. Cet organisme assure la garantie des salaires en cas de dépôt de bilan.

AUDIENCE

Séance au tribunal au cours de laquelle les juges prennent connaissance des prétentions des parties et rendent un jugement.

CESSATION DE PAIEMENTS

Situation de l'entreprise qui ne peut faire face à son passif exigible avec son actif disponible.

CRÉANCIER

Personne qui a le droit d'exiger une certaine somme d'argent (créance). Il existe plusieurs catégories de créanciers en cas de dépôt de bilan.

- Les créanciers privilégiés bénéficient de droits prioritaires de paiement : les salariés (créanciers superprivilégiés), le Trésor public, l'URSSAF, etc.
- Les créanciers chirographaires ne bénéficient d'aucun droit prioritaire.

DÉCLARATION DE CESSATION DE PAIEMENTS

Déclaration que le dirigeant doit effectuer au greffe du tribunal de commerce dans les quinze jours suivant la date de cessation de paiements en vue de l'ouverture d'une procédure de redressement judiciaire ou de liquidation judiciaire.

DÉFAILLANCE

Désigne un dépôt de bilan.

DÉPÔT DE BILAN

Appellation usuelle employée pour désigner la déclaration de cessation de paiements.

JUGE COMMISSAIRE

Membre du tribunal de commerce désigné dans une procédure de redressement judiciaire ou de liquidation judiciaire.

LIQUIDATION JUDICIAIRE

Procédure judiciaire applicable aux sociétés en cessation de paiements dont le redressement est manifestement impossible. Le jugement prononçant la liquidation judiciaire entraîne l'arrêt immédiat de l'activité de la société et sa dissolution.

MANDATAIRE *AD HOC*

Mandataire désigné par une chambre du tribunal de commerce chargé de trouver une solution extrajudiciaire (par exemple, un repreneur) aux difficultés de la société. Cette procédure évite souvent le dépôt de bilan.

MANDATAIRE JUDICIAIRE

Mandataire nommé par le tribunal de commerce chargé de représenter les créanciers dans le cadre d'un redressement judiciaire. Lors d'une décision de liquidation, il est également chargé de procéder aux opérations de liquidation des actifs de la société.

PLAN DE CESSION

Après avoir étudié le bilan économique et social et le plan de redressement présenté par l'administrateur judiciaire, le tribunal de commerce peut décider un plan de cession ; celui-ci assure en partie la pérennité de l'entreprise ; un repreneur acquiert totalement ou partiellement l'actif de la société ; il ne reprend pas les dettes. Par ailleurs, le repreneur reprend une partie ou l'ensemble du personnel.

PLAN DE CONTINUATION

À l'issue de la période d'observation lors d'un redressement judiciaire, le tribunal de commerce décide que la société va poursuivre son activité et estime qu'elle va dégager suffisamment de résultats bénéficiaires pour rembourser totalement ou partiellement ses créanciers.

PRÉVENTION

Afin d'éviter le dépôt de bilan, il existe des mécanismes de prévention des difficultés des entreprises, telle la nomination d'un mandataire *ad hoc* qui va tenter de trouver des solutions afin d'assurer la pérennité de l'entreprise.

PROCÉDURE COLLECTIVE

Procédure de redressement ou de liquidation judiciaire.

REDRESSEMENT JUDICIAIRE

Procédure judiciaire applicable aux entreprises en état de cessation de paiements visant à sauvegarder l'entreprise et à maintenir l'activité et l'emploi.

REPRENEUR

Entreprise qui s'engage à reprendre une autre entreprise selon diverses modalités (reprise totale ou reprise partielle).

REPRÉSENTANT DES CRÉANCIERS

Dans la procédure de redressement judiciaire, le représentant des créanciers est le mandataire judiciaire désigné par le tribunal de commerce lors du jugement d'ouverture pour avertir tous les créanciers de l'ouverture de la procédure, recevoir les déclarations de créances, vérifier avec l'entreprise les créances déclarées, faire régler les salaires par l'AGS (qui assure la garantie des salaires).

REPRÉSENTANT DES SALARIÉS

Lors d'une procédure collective, la législation a prévu l'élection d'un représentant des salariés. Celui-ci est présent à toutes les audiences au tribunal de commerce ; il est invité à donner son avis à chaque audience ; il est associé à toutes les décisions concernant la société ; il est avisé des rapports élaborés par l'administrateur judiciaire, rapport transmis au juge commissaire avant chaque audience.

TRIBUNAL DE COMMERCE

Juridiction composée de magistrats élus et bénévoles qui sont chefs d'entreprises ou commerçants et, dans le cadre de la prochaine réforme, de magistrats professionnels ; les tribunaux de commerce ont pour tâche de traiter les litiges entre entreprises ; ils sont responsables du registre du commerce et des sociétés, enregistrent chaque année les comptes des entreprises et sont chargés des procédures collectives (redressements judiciaires, liquidations).

QUIZ

Règle du jeu : voici 10 questions relatives aux entreprises à fort potentiel et à leurs difficultés. Choisissez une réponse.

Pour chaque bonne réponse, 1 point vous sera attribué.

1. Font partie de la nouvelle économie :
a. les sociétés innovantes situées dans le domaine des nouvelles technologies (bio-technologies, Internet, etc.)
b. toutes les sociétés récemment créées
2. Qu'est-ce qu'une entreprise à croissance rapide ?
a. une société nouvelle située aux États-Unis
b. une société innovante dont le potentiel de croissance est très fort
3. Quel est le pourcentage de femmes à la tête d'entreprises à forte croissance en France ?
a. 30 %
b. moins de 10 %
c. 40 %
4. Les créateurs de start-up sont dans leur majorité :
a. des cadres âgés de 30 à 45 ans
b. de jeunes étudiants sortant des grandes écoles de commerce et d'ingénieurs

5. Pourquoi les entreprises à fort potentiel ont-elles d'importants besoins financiers ?
a. parce que leur croissance est très élevée
b. parce qu'elles font des dépenses inconsidérées

6. Quels sont les financements spécifiques des entreprises à forte croissance ?
a. le capital-risque et les business angels
b. la Banque Spéciale des Entreprises à Fort Potentiel (BSEFP)

7. Les dirigeants des entreprises à fort potentiel sont dans leur majorité :
a. autodidactes
b. diplômés de l'enseignement supérieur

8. Quels sont les documents à confier au greffe du tribunal de commerce pour déposer le bilan d'une société ?
a. uniquement le dernier bilan de l'entreprise
b. de nombreux documents comptables et financiers

9. Quelle démarche le dirigeant doit-il entreprendre pour effectuer un dépôt de bilan ?
a. téléphoner à la chambre de commerce
b. se rendre personnellement au greffe du tribunal de commerce
c. envoyer par la poste le bilan au tribunal de commerce

10. Combien de temps la période du redressement judiciaire dure-t-elle pour l'entreprise et ses collaborateurs ?
a. 2 mois
b. de 8 à 12 mois

**VOUS TROUVEREZ LES RÉPONSES
À CE QUIZ À LA PAGE SUIVANTE**

Quiz

RÉPONSES

1.	**Font partie de la nouvelle économie :**
a.	les sociétés innovantes situées dans le domaine des nouvelles technologies (bio-technologies, Internet, etc.)
2.	**Qu'est-ce qu'une entreprise à croissance rapide ?**
b.	une société innovante dont le potentiel de croissance est très fort
3.	**Quel est le pourcentage de femmes à la tête d'entreprises à forte croissance en France ?**
b.	moins de 10 %
4.	**Les créateurs de start-up sont dans leur majorité :**
a.	des cadres âgés de 30 à 45 ans
5.	**Pourquoi les entreprises à fort potentiel ont-elles d'importants besoins financiers ?**
a.	parce que leur croissance est très élevée
6.	**Quels sont les financements spécifiques des entreprises à forte croissance ?**
a.	le capital-risque et les business angels
7.	**Les dirigeants des entreprises à fort potentiel sont dans leur majorité :**
b.	diplômés de l'enseignement supérieur
8.	**Quels sont les documents à confier au greffe du tribunal de commerce pour déposer le bilan d'une société ?**
b.	de nombreux documents comptables et financiers
9.	**Quelle démarche le dirigeant doit-il entreprendre pour effectuer un dépôt de bilan ?**
b.	se rendre personnellement au greffe du tribunal de commerce
10.	**Combien de temps la période du redressement judiciaire dure-t-elle pour l'entreprise et ses collaborateurs ?**
b.	de 8 à 12 mois

RÉSULTATS DU QUIZ :

- **Entre 7 et 10 bonnes réponses.** Félicitations ! Vous connaissez parfaitement le monde des entreprises à croissance rapide et savez ce qui se passe en cas de dépôt de bilan.
- **Entre 5 et 7 bonnes réponses.** Vous connaissez assez bien le sujet.
- **Moins de 5 réponses.** Ce livre est fait pour répondre à toutes vos questions concernant la nouvelle économie, les entreprises innovantes et si tout va mal, le dépôt de bilan.

BIBLIOGRAPHIE

**OUVRAGES SUR LES ENTREPRISES
À CROISSANCE RAPIDE ET LA NOUVELLE ÉCONOMIE**

APCE (Agence Pour la Création d'Entreprises) HUREL François	*Start-up en France, des mythes aux réalités* APCE, Collection Zooms
ARTUS Patrick	*La Nouvelle Économie* La Découverte, 124 pages
BATTINI Pierre	*Capital-risque : mode d'emploi* Éditions d'Organisation, 296 p.
BASSO Olivier et BIELICZKY Peter	*Guide pratique du nouveau créateur de start-up : créer, financer, développer une entreprise innovante* Éditions d'Organisation, 272 p.
MARTIN Jacques-Olivier, GODEAU Rémi	*Quel avenir pour la nouvelle économie ?* Éditions Hachette, collection Phare, 128 p.
MULLER Andrée	*La Net-économie* P.U.F., Que sais-je ?, 128 p.
RIOU Nicolas	*Comment j'ai foiré ma start-up* Éditions d'Organisation, 94 p.

OUVRAGES SUR LES PROCÉDURES COLLECTIVES

BONNARD Jérôme
Droit des entreprises en difficulté
Hachette, Les Fondamentaux, 160 p.

PETEL Philippe
Procédures collectives
Dalloz, Cours Droit privé, 236 p.

REDRESSEMENT ET LIQUIDATION JUDICIAIRES DES ENTREPRISES
Textes législatifs et réglementaires
Journal Officiel, 348 p.

SAINT-ALARY-HOUIN Corinne et Alii
Guide de l'entreprise en difficulté
Dalloz, Collection Dalloz Service, 254 p.

JOURNAUX SPÉCIALISÉS ET LEURS SITES

NEWBIZ (Mensuel) — www.newbiz.fr

Le Nouvel Hebdo (Hebdomadaire) — www.lenouvelhebdo.fr

01 Informatique — www.01net.com

La Tribune de l'Économie — www.latribune.fr

Le Revenu — www.lerevenu.com

Les Échos — www.lesechos.fr

Bibliographie

L'entreprise	www.lentreprise.fr
Le Monde interactif	www.interactif.lemonde.fr
Journal du Net (uniquement sur Internet)	www.journaldunet.com

AUTRES SITES

ANVAR	www.anvar.fr
APCE (Agence Pour la Création d'Entreprises)	www.apce.com
Bourse de Paris-Euronext	www.bourse-de-paris.fr
Ministère de la Recherche	www.recherche.gouv.fr
Ministère de l'Économie, des Finances et de l'Industrie	www.finance.gouv.fr
Secrétariat d'État à l'Industrie	www.industrie.gouv.fr
Greffe du Tribunal de commerce de Paris	www.greffe-tc-paris.fr
Ministère de la Justice	www.justice.gouv.fr
Les administrateurs judiciaires	www.ajinfo.com

INDEX

A

Acquisition 82, 86, 93, 96, 98
Administrateur judiciaire 76, 81, 105, 106, 109, 110, 111, 113, 114, 115, 116, 118, 122, 123, 124, 126, 127, 128, 129, 130, 131, 132, 133, 169
AGS 106, 114, 115, 116, 117, 118, 119, 169
ANVAR 23, 25, 36, 38, 42, 43, 45, 163, 179

B

B to B 54, 163
B to C 54, 163
Besoin de financement 34, 51, 142, 143, 145, 164
Besoin en fonds de roulement 33, 34, 37, 61, 66, 84, 86, 87, 88, 95, 146, 147
Biotechnologie 13, 23, 24, 25, 26, 27, 28, 29, 39, 43, 69, 163, 173, 175
Bourse 14, 25, 27, 37, 38, 39, 41, 50, 51, 54, 60, 67, 68, 79, 98, 99, 149, 151, 152, 153, 154, 155, 156, 157, 158, 159, 163
Business angel 23, 25, 36, 37, 38, 40, 41, 60, 86, 93, 146, 157, 164, 174, 175
Business plan 14, 67, 94, 95, 97, 164

C

Capitalisation 14, 99, 153, 154, 155
Capital-risque 14, 23, 24, 35, 36, 37, 38, 39, 40, 44, 60, 75, 76, 93, 146, 151, 156, 164, 174, 175
Causes des difficultés 130
Cessation de paiements 69, 80, 103, 104, 108, 110, 120, 123, 125, 169
Cession 39, 66, 86, 87, 88, 93, 98, 108, 109, 111, 113, 114, 120, 131, 132, 135
Check-up 49, 50, 51, 78, 81, 94, 96, 141
Concours 24, 36, 37, 44, 45, 46, 66, 68, 147, 165
Cours de bourse 14, 151, 155, 156, 157, 158, 159

Coûts fixes 70
Coûts variables 70, 72
Créanciers 103, 104, 111, 114, 120, 121, 125, 130, 131, 135, 169
Crédit clients 70, 82, 95, 142, 143, 145, 146, 147
Crédit fournisseurs 70, 145, 146, 147
Croissance 13, 14, 21, 23, 24, 25, 30, 33, 34, 35, 36, 37, 38, 39, 43, 44, 50, 51, 52, 54, 57, 66, 71, 72, 76, 81, 93, 94, 95, 96, 97, 99, 139, 141, 145, 148, 151, 152, 154, 155, 156, 157, 158, 160, 163, 164, 165, 166, 167, 173, 174, 175, 176, 177

D

Déclaration de cessation de paiements 103, 104, 125, 170
Défaillance 14, 53, 128, 170
Dépôt de bilan 14, 15, 65, 75, 76, 101, 103, 104, 106, 107, 110, 111, 114, 115, 116, 118, 120, 125, 129, 134, 170, 174, 175, 176
Diagnostic 29, 50, 51, 52, 53, 77, 78, 79, 80, 87, 110
Difficultés 15, 50, 62, 65, 69, 80, 103, 122, 125, 127, 128, 130, 141, 155, 158, 173
Dirigeant 15, 21, 23, 29, 30, 44, 50, 52, 56, 60, 67, 68, 69, 75, 76, 77, 79, 80, 81, 85, 87, 93, 94, 95, 97, 103, 104, 105, 113, 114, 116, 117, 122, 125, 126, 127, 128, 133, 141, 157, 160, 174, 175

E

E-commerce 23, 54, 59, 165
Entreprise à forte croissance 94, 164
Environnement économique 50, 51, 52, 54, 67, 79, 151
Erreur à éviter 65, 67, 68, 69, 70, 71

F

FCPI 40, 41, 42, 165
Financement 13, 14, 23, 25, 31, 33, 34, 35, 36, 37, 38, 41, 44, 51, 59, 61, 66, 67, 70, 73, 77, 78, 80, 82, 83, 85, 86, 87, 88, 96, 142, 145, 146, 155, 156, 157, 158, 174, 175
Fonds d'amorçage 40, 165
Fonds de roulement 66, 146, 147

G

Gestion 15, 50, 52, 56, 57, 63, 65, 66, 69, 70, 71, 72, 75, 76, 77, 78, 79, 80, 81, 95, 96, 105, 116, 117, 123, 124, 129, 141, 142, 143, 144, 148

I

Incubateur 25, 165
Innovation 13, 21, 23, 27, 30, 38, 40, 41, 42, 43, 44, 45, 165
Internet 13, 23, 24, 25, 27, 29, 39, 45, 94, 98, 99, 128, 152, 153, 156, 161, 165, 173, 175

Index

Introduction en Bourse 14, 37, 38, 39, 68, 149, 151, 152, 155, 164

J

Juge commissaire 76, 81, 105, 106, 109, 111, 114, 115, 117, 123, 124, 126, 129, 131, 170, 172

L

Levée de fonds 39, 61, 65, 68, 145, 166
Licenciement 80, 114, 115, 117, 119, 121, 161
Liquidation 76, 103, 105, 106, 107, 108, 109, 111, 112, 113, 116, 117, 120, 121, 122, 125, 126, 130, 131, 134, 170

M

Mandataire *ad hoc* 125, 128, 170
Mandataire judiciaire 103, 105, 106, 109, 111, 114, 115, 116, 117, 124, 125, 130, 131, 133, 171
Marché libre 14, 154, 160, 166

N

NASDAQ 14, 54, 155, 156, 157, 158, 159, 160, 161, 166
Net.économie 14, 23, 159, 166
Nouveau marché 14, 38, 153, 154, 155, 156, 159, 160, 166
Nouvelle économie 13, 24, 25, 26, 37, 38, 93, 98, 152, 157, 158, 160, 166, 173, 175, 176, 177
NTIC 24, 25, 26, 27, 40, 167

P

Période d'observation 76, 108, 109, 111, 112, 113, 117, 127, 130, 132, 134
Plan de cession 112, 133, 135, 171
Plan de continuation 112, 133, 135, 171
Plan de redressement 109, 113, 117, 126, 130
Prévisions 14, 53, 65, 67, 69, 70, 73, 75, 76, 77, 78, 79, 80, 81, 82, 83, 95, 96, 97, 141, 160
Procédure collective 108, 117, 125, 128, 171

R

Recrutement 27, 51, 56, 57, 70, 71, 72, 81, 82
Redressement judiciaire 76, 81, 103, 105, 106, 107, 108, 110, 111, 112, 113, 114, 115, 116, 117, 118, 119, 120, 121, 122, 123, 124, 125, 129, 130, 131, 133, 134, 171, 174, 175
Repreneur 61, 75, 76, 81, 91, 93, 95, 96, 97, 106, 108, 110, 121, 122, 123, 124, 126, 127, 128, 131, 132, 133, 134, 135, 172
Représentant des créanciers 105, 109, 114, 117, 118, 121, 122, 126, 127, 130, 131, 172

Représentant des salariés 114, 115, 116, 118, 126, 127, 172
Reprise 106, 122, 130
Risque 14, 23, 24, 25, 31, 34, 35, 36, 37, 38, 39, 40, 41, 44, 60, 75, 76, 93, 146, 151, 156, 158, 164, 166, 174, 175, 177

S

Simulation 78, 80, 88
Start-up 13, 15, 23, 26, 29, 37, 67, 110, 127, 128, 157, 158, 161, 167, 173, 175
Stratégie 52, 56, 77, 78, 79, 80, 81, 85, 87, 95, 141, 152

T

Trésorerie 14, 15, 36, 38, 60, 61, 65, 69, 70, 76, 83, 93, 95, 96, 99, 110, 119, 124, 130, 142, 145, 146, 147
Tribunal de commerce 15, 75, 76, 103, 104, 105, 106, 107, 108, 109, 110, 111, 112, 114, 115, 116, 122, 123, 124, 125, 126, 127, 128, 129, 131, 133, 134, 172, 174, 175

V

Valorisation 36, 39, 40, 41, 42, 43, 61, 97, 98, 99, 152, 153, 156, 157

www.ingramcontent.com/pod-product-compliance
Lightning Source LLC
Chambersburg PA
CBHW051646230426
43669CB00013B/2456